KB076991

부자의 서재에는 반드시
심리학 책이 놓여 있다

심리를 지배하는 부자의 법칙을
이해하는 사람들에게 풍족한 부가 찾아온다.

부자의 서재에는 반드시 심리학 책이 놓여 있다

정인호 지음

센시오

오늘도
심리에 휘둘리는 당신,
부자가 되고 싶다면
심리를 읽어라

심리를 알아야 돈과 사람을 움직인다

학자들이 말하기를 돈은 '살아 있는 생명체'라 한다. 살아 움직이는 생명체는 심리적인 영향을 크게 받는다. 실제로 시장에서는 심리가 과민하게 반응해서 경제가 악순환에 빠지는 경우가 흔히 일어난다. 자그마한 돌멩이 하나를 물에 던졌는데 송사리 떼가 쏜살같이 도망치는 격이다. 이처럼 돈과 부자의 탄생은 인간의 심리와 행동의 미묘한 변화 아래 이루어진다. 돈은 인간의 심리를 조종하고, 인간의 심리는 다시 돈을 통해 외부 세계로 표출된다.

흔히 '소비심리가 살아났다', '투자심리가 얼어붙었다'라고 표현한다. 17세기 네덜란드에서 일어난 튤립 파동, 1929년 미국

월가 대폭락에서 비롯된 대공황, 1987년 10월 19일 미국의 대표적인 주가지수인 다우존스산업평균지수가 단 하루 만에 22.61퍼센트 하락한 블랙 먼데이Black Monday, 2000년 정보기술 버블붕괴 등은 경제 주체들의 심리가 경제에 얼마나 큰 영향을 미치는지 단적으로 보여준 예다.

수많은 부자를 만나면 만날수록 더욱 깊이 깨닫는 것이 있다. 부자가 되려면 재무관리나 투자법 같은 경제 관련 이론보다 먼저 인간 심리를 이해해야 한다는 사실이다. 즉 부자들이 어떻게 부자가 되었는지 알려면 환율과 금리를 공부하기 이전에 인간의 다양한 행동심리를 연구해야 한다.

부자의 서재에 심리학 책이 놓이기 시작했다

경제학 분야에서 1980년대까지 '사람의 심리'에 대한 분석은 그 어디에도 없었다. 그때까지 경제학 속의 '사람'이란 안정적이고 일관된 선호를 가진, 합리적 의사결정자로 정의했기 때문이다. 제도가 부여하는 인센티브에 따라 적절히 반응하는 안정적인 존재. 사람의 정의는 그것으로 충분했다. 그 외 심리적 요인들은 오히려 논의의 초점을 흐리는 것으로 여겨 배제해야 할 것으로 치부했다. 하지만 이후 인간의 심리를 중요하게 여기는 행동경제학자들이 등장했다. 행동경제학자들은 그동안 심리학 분야에서 차곡차곡 쌓인 근거를 경제학으로 가져와 본격적으로 체계화하고 범주화했다. 그 결과 이들은 경제가 인간의 비합리성에서 기인하는 것임을 입증했다.

이러한 변화 이후 부자들의 서재에는 심리학 책이 놓이기 시작했다. 인간의 심리를 이해하면 돈의 흐름이 보인다고 판단한 것이다. 돈이 울거나 웃는 등 인간의 감정을 느낄 수 없다고 흔히 생각하지만, 사실 돈에도 감정이 있다. 머니 코치 올리비아 멜란Olivia Mellan은 말하기를, 부자가 되고자 한다면 인간 내면 깊숙이 자리 잡은 인간의 감정과 심리 문제부터 해결해야 한다고 강조한다.

서브프라임모기지 사태로 주택시장에 공매도한 스와프의 가치가 폭등하며 26억 9,000만 달러에 달하는 수익을 남긴 사이언 캐피털의 창업자 마이클 버리Michael Burry, 19세기 미국에서 가장 많은 부를 축적한 철강왕 앤드류 카네기Andrew Carnegie, 5만여 점의 작품을 남기고 억만장자로 살아간 파블로 피카소Pablo Ruiz Picasso, 억만장자 헤지 펀드 매니저인 폴 튜더 존스Paul Tudor Jones 등을 비롯해 전 세계에 1조 원이 넘는 자산을 가진 부자 대부분이 특별해질 수 있었던 이유는 무엇일까? 바로 인간의 심리를 파악하고 이를 즉각적으로 행동으로 옮겼기 때문이다. 이들은 인간의 심리를 알기에, 어느 시점에서 기회가 발생하는지를 직시하고 남들과는 다르게 움직였다.

　각종 연구 결과를 통해 자수성가형 부자들의 심리적 특성을 파악해보면 그들은 대세에 순응하지 않고 남들과 거꾸로 가는 행동 패턴을 보인다. 이를테면 부자들은 허용된 경계를 넘나들며 안정적인 현 상태를 거스르는 위험을 감수한다. 규칙에 압도되지 않도록 규칙을 재규명하고 깨뜨려야 한다고 믿는다. 부자는 기존의 문법을 좀처럼 모방하지 않으며 새로운 환경을 탐구하고, 다수의 견에 반대하는 것에서 즐거움을 느낀다.

　이와는 반대로 빈자는 세상이 규정한 원칙과 거기에서 발생하는 군중 심리에 휘둘린다. 가난한 이들이 무리 지어 한 방향으로 내달리는 초식동물이라면, 부자들은 결코 무리 지어 행동하지 않는 맹수와 흡사하다. 홀로 외로운 판단을 내리고 자신만의 원칙에 따라 행동할 때 '희소성'이라는 경제적 가치를 점유할 수 있다. 그 근간에는 유행이나 군중 심리, 타인의 평가에 흔들리지 않는 판단력이 굳건히 자리하고 있다.

부자와 마주 앉아 부자의 사고방식을 듣고 싶다면

　이 책은 심리에 휘둘리는 빈자와 달리 심리를 미리 읽고 움직이는 부자의 마인드에 관해 이야기하는 책이다. 우리는 부와 돈이 인간의 행동에 미치는 영향을 어렴풋이 알고 있다. 그러나 구체적인 '부자들의 사고방식'의 심리적 메커니즘을 이해하지 못한다. 그렇기에 나는 50명이 넘는 거부巨富들을 만나 그들이 성공을 거둘 수 있었던 비결을 풀고, 알고, 이해하고자 했다. 그중에서도 한 가지 질문에 집중했다.

'부자들은 무엇을 바탕으로 판단하고 행동하는가?'

이 책은 이 질문에 대한 답을 담고 있다. 부의 심리적 장벽과 방해요인을 제거하는 법, 부의 심리를 읽고 부자의 에너지를 끌어당기는 행동심리 등을 분석하여 '부자의 사고방식'을 들여다본다. 부의 미래가 어디로 향하는지도 점검해볼 수 있다. 더불어 부자들이 심리와 관련된 어떤 책을 읽고 적용하는지도 이 책을 통해 알 수 있다.

"부자가 되려면 부자를 만나라"는 말이 있다. "부자가 되는 가장 빠른 길은 부자를 따라 하는 것이다"라는 말도 있다. 그래서 사람들은 당대 최고 부자인 일론 머스크Elon Reeve Musk의 트위터를 팔로우하고 워런 버핏Warren Buffett과의 점심식사에 관심을 갖는다. 돈 자랑이 콘텐츠가 되는 유튜브가 유행했던 이유도 실제로는 만나기 힘든 부자들을 간접적으로나마 만나고픈 사람들의 심리가 반영된 결과일 것이다.

레그메이슨 투자자문회사의 수석 투자 전략가이자 워런 버핏

전문가로 알려진 로버트 해그스트롬Robert Hagstrom 은 "현명한 투자자는 많이 읽는다"라고 말했다. 돈과 부의 원리는 다른 사람과의 인간관계에서 얻어지는 것이다. 그러므로 나 아닌 사람들의 생각과 사고방식 그리고 돈의 심리를 이해해야 한다.

이 책은 바로 그 점을 시원하게 긁어준다. 막대한 부를 이룬 세계적인 인물들을 간접적으로 만나는 체험을 선사하며, 그들의 생각을 들여다봄으로써 부자의 심리를 이해하는데 한 발짝 다가가는 발판이 되어줄 것이다. 더불어 자수성가형 부자들이 어떻게 부를 축적했는지 보여주는 실질적인 사례와 각종 심리학 실험을 곁들여 누구나 이해하기 쉽게끔 풀어냈다.

무엇보다 이 책의 가치는 '부자 되는 법'에만 천착하지 않는다는 데 있다. 오히려 책에서는 맹목적으로 부를 축적하려는 사람들의 그림자를 조명하여 진정한 부자란 무엇인가에 대해 충분히 고민할 수 있도록 제안한다. '부자는 어떻게 생각하고 행동하는가'를 말하는 이 책을 통해, 독자들이 부의 추종자나 돈의 노예가 아닌 주체적이고 능동적인 경제 주체가 되기를, 그리하여 부를 자연스럽게 창출하는 현명한 부자가 되기를 바란다.

정인호

Contents

━━ 제 2장 ━━

부자의 심리를 알아야 부자로 남는다

---

1. 부자는 불황일수록 "해볼까?"라고 한다

2. 왜 부자들은 하나같이 "운이 좋았다"라고 할까?

3. 부자들이 시간을 대하는 심리

4. 부자는 불편한 책을 골라 읽는다

5. 부자는 이렇게 원하는 것을 얻어낸다

6. 부자는 돈으로 해결할 수 없는 것에 집중한다

7. 부자가 뛰어들 타이밍을 잡는 법

━━━ 제 3 장 ━━━

부자는 심리를 지배하고 빈자는 심리에 휘둘린다

1. 빈자는 로또를 사고 부자는 보험을 선택한다

돈 게임은 규칙이 계속 변하므로 까다로운 게임이다.
열심히 일하기만 해서는 이길 수 없다.

― 혼다 켄Ken Honda

◆— 1장 —◆

부자의
서재에는
왜 심리학 책이
놓여 있을까?

부자의 서재에서 심리학 책 꺼내 보기

- 댄 애리얼리, 《경제 심리학》

대부분의 사람은 자신이 돈에 대해 많은 것을 안다고
믿지만, 놀랍게도 돈이 무엇이고 돈이 자신을 위해 무엇을
해주는지, 돈이 자신에게 무슨 짓을 저지르는지 알지
못한다.

- 데이비드 데스테노, 《신뢰의 법칙》

빈자일수록 오히려 서로를 신뢰하고 협력하는 경향이
강하다.

- 토머스 스탠리 · 세라 스탠리 팰로,
  《이웃집 백만장자 변하지 않는 부의 법칙》

부는 돈을 존중하는 사람들을 찾아온다. 돈에 대한 존중은
절제하며 돈을 효과적으로 관리하는 것도 포함된다.

- 기시미 이치로 · 고가 후미타케, 《미움받을 용기》

정말로 자신 있는 사람은 자랑하지 않는다. 열등감이
심하니까 자랑하는 것이다. 그렇지 않으면 '이런 나'를
인정해주지 않을까 봐 겁이 나는 것이다.

- 아라이 나오유키, 《부자의 인맥》

상대방에게 대가를 바라는 자세부터 잘못되었다. 사람과
사귄다는 것은 상대방에게 공헌하는 것이다.

1.

배고픈 소크라테스 vs.
배부른 소크라테스

 ○ **부자의 짐 가방에는 없는 것**

구 씨의 전화벨이 연신 울렸다. 그는 1부 강연을 마치고 쉬는 시간에 전화를 받았다. 은행이었다. 오늘까지 대출금 전액을 상환해야 한다는 내용이었다. 코로나19로 힘든 교육사업을 유지하기 위해 작년에 받은 대출 상환일이 벌써 다가온 건가. 2022년 3월 코로나19 확진자는 62만 명을 넘기며 역대 최고치를 경신했고, 교육시장 전망은 시베리아 벌판처럼 꽁꽁 얼어붙었다. 뚜렷한 탈출구가 없었다.

구 씨의 머릿속은 '어떻게 해야 전액 대출금을 상환할 수 있을까'라는 물음으로 꽉 찼다. 연이어 진행해야 하는 교육 내용은 삭제돼 있었다. 청강생들에게 어떤 유익한 강의를 할 것인지 생각할 여유가 없었다. 불안감과 긴장감이 온몸과 마음을 휘감았다. 당장이라도 이 강연을 접고 대출금 상환 문제부터 해결하고 싶었지만, 오늘 받을 강연료를 포기할 수도 없었다. 그렇게 구 씨의 뇌는 '대출금 상환'에 지배당해버렸다.

구 씨의 사례처럼 돈이 부족하면 금전적인 문제에 신경이 곤두서 뇌 한쪽이 압박을 받는다. 그래서 다른 문제에 직면했을 때 인지능력과 수행제어력을 제대로 발휘하지 못한다. 결국 빈곤이 뇌의 인지능력을 떨어뜨려 실수나 잘못된 의사결정을 내리게 만드는 것이다.

미국 프린스턴대 심리학과 엘다르 섀피어E. Shafir 교수와 영국 워릭대 경제학과 아난디 마니A. Mani 박사, 미국 하버드대 경제학과 센드힐 물라이나탄S. Mullainathan 교수 등 공동 연구팀은 세계적인 과학 저널인《사이언스Science》에 '가난이 뇌의 인지능력에 미치는 영향'이라는 주제로 부유층과 빈곤층 비교 연구를 발표했다.[1]

인지능력에 초점을 맞춰 진행한 실험은 다음과 같았다.

○ 실험 대상 : 미국 뉴저지에 있는 쇼핑몰에서 무작위로 선택된 쇼핑하러 온 사람들

○ 선정 기준 : 연소득 7만 달러 이상과 2만 달러 이하 다양한 계층 400명

○ 실험 과정 : 이들을 소득별로 나누고 간단한 인지능력 및 논리

테스트를 했다. 총 4문제였는데 이를 해결할 때 '돈'과 관련 있는 내용을 넣어 실험 참가자의 소득수준이 문제해결에 영향을 미치게 만들었다. 예를 들어 고장 난 자동차의 수리비가 150달러일 때와 1,500달러일 때 각각 어떻게 처리할지 물었다. 돈을 빌려 수리할 것인지, 수리를 포기할 것인지 등 선택하라고 한 것이다. 또는 회사가 어려워 급여를 삭감해야 하는 상황에서 5퍼센트 깎을 때와 15퍼센트 깎을 때 현재 생활 수준을 유지할 수 있을지도 물었다. 참가자들이 이런 문제를 풀면서 인지능력 시험도 수행하게 했다.

○ 실험 결과 : 소득이 높은 사람일수록 돈을 사용하는 데 현명한 결정을 했을 뿐만 아니라 논리, 인지능력 테스트에서도 모두 좋은 성적을 냈다. 연소득이 높은 사람과 낮은 사람의 문제 해결력은 두 배 가까이 차이가 났다. 물라이나탄 교수는 "쉬운 문제에는 대부분 높은 점수를 받았지만 문제가 어려워지면 소득이 낮은 사람들의 점수가 현저하게 떨어졌다"라며 "이는 뇌의 인지기능이 재정적 문제를 신경쓰는 데 사용되면서 다른 결정을 내릴 때 잘못된 판단을 하는 것"으로 해석했다.

실험에서 보듯 빈자들이 잘못된 판단을 하는 이유는 여유가 결핍되어서다. 여행용 가방에 짐을 싼다고 가정해보자. 짐을 싸기 전에 가져가고 싶은 물건의 목록을 작성하고 침대 위에 늘어놓는다. 빈자는 가장 중요한 것부터 조심스럽고 정교하게 짐을 추려지만 꼭 필요한 물건을 다 챙기기도 전에 가득 차버린다. 결국 더 큰 가방을 찾고 작은 가방 몇 개에도 꽉꽉 물건을 채우기에 바쁘다. 빈자의 짐 싸기는 오래 걸린다. 온종일 가방에 넣지 못한 물건을 어떻게 가져갈까에 대해 정신을 집중한다. 혹시 필요한 물건을 빠뜨리는 바람에 여행을 망칠 수도 있기 때문이다. 이처럼 빈자는 짐 싸는 행위조차 여유가 없다.

반면 부자에게 물건을 챙기는 일은 그다지 중요하지 않다. 가방에 넣어도 좋고, 굳이 넣지 않아도 상관없다. 짐 싸기가 중요하지 않다는 말이 아니다. 짐이 가벼울수록 더 많은 것을 듣고 보고 느낄 수 있음을 부자는 안다. 아예 빈손으로 여행할 수는 없지만 여행의 한순간 한순간을 즐기는 것이 가장 중요하다고 생각한다. 그래서 가로수나 숲을 흔드는 바람 소리에 귀를 기울이고 카메라로 명소나 풍경을 촬영하기보다 두 눈으로 관찰한다. 짐이 가벼울수록 여행도 가볍고 여유롭다. 이렇게 짐을 줄일 줄 아는 부자는 인생의 무게에 신음하지 않는다. 부자의 삶은 가볍고 여유롭다.

○ 부자와 빈자를 나누는 결정적 요인

시간적 여유가 있어도 빈자와 부자는 다른 결정을 한다. 주머니 사정이 넉넉하지 않은 빈자는 쇼핑을 하다가 마음에 드는 옷 두 벌을 보면 돈을 아껴야 하므로 하나만 선택하려고 한다. 하지만 부자는 "둘 다 주세요"라고 말한다. 빈자와 달리 부자가 옷 두 벌을 다 선택했다는 것을 강조하려는 것이 아니다. 선택지를 고민하지 않아도 되는 자유를 갖는다는 것. 이것이 부자의 결정이라는 게 핵심이다.

선택하지 않아도 되는 자유란 단순히 원하는 것을 다 가지는 욕망과 다르다. 원하는 시간에 원하는 것을 가질 자유, 원하는 사람들과 창조적인 시간을 누릴 자유, 원하지 않는 일을 원하지 않는 곳에서 원하지 않는 사람들과 하지 않아도 되는 자유, 즉 경제적, 심리적 갈등 상황에서 벗어나 더욱 건강하고 행복한 삶을 영위하게 해주는 경제적 자유를 말한다. 부자와 빈자를 나누는 결정적인 요인은 바로 이 경제적 자유를 누리느냐 누리지 못하느냐에 있다.

보이스 피싱 및 가상자산 투자 사기 등 미디어에 노출되는 각종 사기 피해자를 살펴봐도 부자보다 빈자가 훨씬 많다. 특히 신용등급이 낮은 저신용자의 피해가 60퍼센트에 달한다. 빈자가 사기꾼의 표적이 되기 쉬운 이유는 경제적으로 어려울수록 심리 싸움에서 불리하기 때문이다.

빈자는 특히 근시안적 욕망에 가장 취약하다. 가난을 오래 겪은 사람일수록 사기꾼이 다가왔을 때 '지금이 아니면 더는 인생을 역전할 수 있는 기회가 없을 것 같다'는 초조함과 불안감을 느낀다. 힘든 상황을 손쉽게 탈피하고 싶은 근시안적 욕망과 불안감이 더해 사기꾼이 가장 쉽게 노리는 먹잇감이 되어버린다. 의심이 생겨도 검토와 점검 후에 결정하기보다 먼저 결정하고 점검한다. 빈자에게 검토는 사치일 뿐이다.

《신뢰의 법칙The Truth about Trust》의 저자이자 사회심리학 거장인 데이비드 데스테노David DeSteno 교수는 "경제적 여유가 없는 사람일수록 오히려 서로를 신뢰하고 협력하는 경향이 강하다"고 주장했다. 사회경제적으로 하위 계층에 있는 사람들이 성공하기 위해서는 타인과의 상호 지원이 필요하기 때문이다. 빈자일수록 다른 이들의 도움이 필요하고, 생존을 위해 타인을 더욱 믿는 습성이 생긴다는 것이다. 다른 사람을 잘 믿는다는 것은 다시 말하면 사기꾼의 덫에 쉽게 속을 수 있다는 뜻이다. 반면 부자는 다른 사람과의 신뢰나 협력 관계를 구축할 필요 없이 스스로 원하는 것을 얻을 수 있기 때문에 근시안적 욕망을 드러내지 않는다. 부자들에게 신뢰는 이익의 균형점을 찾는 문제일 뿐이다.

빈자는 생활비도 많이 쓴다. 이를테면 몸에 좋은 음식을 가려 먹지 않고, 규칙적인 운동을 하지 않는 경우가 상대적으로 더 많다. 금연하지 않고 과음하며 정기적인 건강검진을 받으러 가지 않는다. 국민건강보험공단의 '건강검진 취약계층 수검 현황' 자료를 통해 밝혀진 바에 의하면 저소득층의 수검률이 낮은 이유는 건강검진을 받을 시간이 부족했기 때문이었다. 결국 제때 치료를 받지 못해 병을 키우고 가산을 탕진해서 더욱 가난해진다.

빈자는 급전이 필요한 일이 터지면 터무니없이 비싼 이자를 감당해야 한다. 고금리 사채를 쓰는 사람 대부분은 소득이 적거나 신용등급이 낮다. 자신이나 아이가 아파도 병가를 낼 수 없는 직장을 다니고 오래 쉬면 해고되기 십상이다. 코로나19 팬데믹 상황에서 전염을 막기 위해 "아프면 집에서 쉬세요"라는 배려의 메시지는 빈자들에게 '아파도 쉴 권리'가 없는 억울함을 느끼게 했다. 아파도 일해야 하니 약값이 더 들고, 택배 하나라도 더 배달하기 위해 교통신호를 위반하여 벌금 딱지를 받는다. 벌금을 제때 내지 못해 즉결심판을 받기까지 한다.

빈자는 자신이 가난한 것을 한탄한다. 자기 가치에 대해 회의적이며 자존감이 낮다. 자존감이 낮으면 '나는 별 볼 일 없는 사람이다'라는 생각이 잦고, 그럴 때마다 그 마음을 소비로 달래려고 한다. 즉 내적 감정이 좋지 않기 때문에 반대급부로 겉보기에 신경 쓰는 것이다.

이는 흡사 동물의 본능과도 같다. 위협받을수록 화려하게 날갯짓을 하고 두려울수록 과도하게 몸을 부풀려 상대에게 위압감을 주려는 모습과 크게 다르지 않다. 결국 가난해질수록 비용이 많이 드는 결정을 하고 이 선택이 가난을 영속화해 삶 전체에 연쇄적인 영향을 미친다.

부자와 빈자 중 어느 쪽이 돈 걱정을 많이 할까?

당연히 빈자다. 2019년 노벨 경제학상을 수상한 아브히지트

바네르지Abhijit Banerjee 교수는 "빈자는 늘 돈에 매인 삶을 살 수밖에 없다"라고 말한다. 빈곤층에서 부유층까지 숨겨진 계층의 법칙을 다룬 루비 페인Ruby K. Payne의 《계층이동의 사다리A Framework for Understanding Poverty》에 그 의미가 고스란히 담겨 있는데, 축약하자면 부자에게 돈은 '보존하고 투자하는 것'이고, 빈자에게는 '소비하는 것'이라고 짚는다. 부자는 무엇을 사고 무슨 일을 하기 위해 돈을 벌지 않는다. 즉 쓰기 위해 돈을 버는 게 아니다.

반면 빈자에게 돈이란 잘 투자해서 유지하고 더 버는 게 아닌 현재의 만족을 위해 써버리는 물질이다. 그래서 빈자는 돈을 벌기 위해 엄청난 열정을 쏟아붓지만 단 하루도 돈 걱정에서 벗어나지 못한다.

스코피오 파트너십과 스탠더드 차터드 프라이빗 뱅크 등이 유동자산만 200만 달러가 넘는 부자 1,400명을 대상으로 인생을 사랑하는 것, 의미 있는 목표를 세우고 추구하는 것, 어떤 일이 일어나도록 하는 것, 지식을 얻는 것, 세상을 좀 더 살기 좋은 곳으로 만드는 것, 새로운 기회를 잡는 것 등 12가지 삶의 활동을 제시하고 자신의 에너지 수준을 1에서 10까지 표기하게 했다.

부자들은 거의 전 영역에서 평균보다 훨씬 더 높은 수준의 에너지와 열정을 보였으나 단 한 가지만 순자산이 5만 달러가 안 되는 평범한 사람들보다 낮은 수준의 열정을 보였다. 바로 '금전적으로 성공하는 것'이다.[2] 이미 부자이기 때문에 금전적 성공에 큰 의미를 두지 않는 것일 수도 있다. 하지만 부자들이 평균보다 월등히 많은 에너지를 쏟는다고 밝힌 분야를 살펴보면 부자는 사고방식 자체가 다르다는 것을 알 수 있다.

○ 누구나 배부른 소크라테스를 원한다

현대 자본주의는 자유에 '경제적'이라는 수식어를 붙인다. 왜 그럴까? 돈이 자유를 가져다주기 때문이다. 기업가는 사람을 고용하여 자유로운 시간을 갖는다. 기업가에게 돈이 주는 가장 큰 배당금은 그 덕분에 자신의 시간을 뜻대로 쓸 수 있다는 것이다. 반면 빈자는 시간과 돈을 맞바꾼다. 경제적 자유는 생활비를 벌기 위해 열심히 일할 필요가 없는 상태를 말한다. 한마디로 경제적 자유의 본질은 바로 '시간의 자주권'이다.

속담에 '곳간에서 인심 난다'는 말이 있다. 인간적 도리도 최소한의 경제적 바탕이 있어야 가능하다. "배부른 돼지보다 배고픈 소크라테스가 되고 싶다"라고 하지만 돈이 없으면 위대한 생각이 있어도 실천하지 못한다.

"나는 젊은 시절에 돈이 인생에서 가장 중요하다고 생각했다. 오늘날 나는 확실히 깨달았다. 그 생각은 틀리지 않았다."

아일랜드 시인이자 소설가인 오스카 와일드Oscar Wilde의 말이다. 오늘날 돈은 힘이요 권력이자 에너지의 원천이다. 돈은 더 많은 기회를 제공하고 경쟁력을 강화시키며 사업의 추진 동력으로 작용한다.

돈은 인격적 자유다. 돈은 힘들고 더러운 일, 위험한 일을 하지 않아도 되는 자유, 기계적이고 재미없는 일을 하지 않을 자유, 상사의 눈치를 보지 않고 퇴근할 수 있는 자유 등 온갖 제약에서 벗어날 수 있는 자유를 준다.

임석민의《돈의 철학》에는 다음과 같은 흥미로운 이야기가 나온다.

한 도시에 거지 아이가 나타났다. 사람들은 그에게 르 갈뢰le galeux라는 별명을 붙여 주었다. 르 갈뢰는 불어로 '더러운 사람'을 뜻한다. 아이는 푸줏간에서 배달 일을 했다. 적은 수입이지만 성실히 모아 고리대금업을 시작했다. 재산이 늘면서 그의 별명은 성姓이 되어 사람들은 '마르탱 갈뢰'로 부르기 시작했다. 더 부유해지자 그는 '마르탱 씨'로 불렸고, 재력가가 되자 '마르탱 님'이라고 불렸다. 그가 도시 제일의 부자가 되자, 사람들은 그를 '마르탱 나으리'라고 부르면서 영주처럼 존경해 마지않았다.

아무리 존경스럽고 고결해도 돈이 없으면 비천한 하류 취급을 받는다. 의義를 중시하는 선비일지라도 먹고살기 빠듯하면 올곧은 자세를 이어가기 어렵다. 나폴레옹의 어머니인 마리 레테치아 보나파르트는 35세에 미망인이 되어 "내가 두려운 것은 가난으로 인해 당하게 될 모욕이다"라고 했다.

"그래서 사람들은 지혜와 덕이 아니라 부를 얻으려 노력한다. 배부른 소크라테스가 되어야 한다."

평생을 독신으로 검소하게 산 경제학자 애덤 스미스Adam Smith의 말이다. 현대 사회에서 돈의 위력은 가히 파괴적이다. 돈이 없으면 아무것도 할 수 없다. 돈으로 행복을 살 수는 없지만 돈은 불행의 고통을 덜어준다. 돈은 인간사회의 공통분모가 되었고 삶의 목적이 되어버렸다. 프랑스의 철학자이자 노벨문학상을 수상한 알베르 카뮈Albert Camus는 "돈이 없어도 행복해질 수 있다는 생각은 정신적 허영이다"라고 지적한다.

우리는 알고 있다. 돈이 만능은 아니지만 돈이 있으면 많은 일을 할 수 있다는 것을. 《포브스》의 창립자인 버티 포브스Bertie Forbes는 그의 아들 맬컴에게 "100가지 문제 중 99가지 문제의 해답은 돈이다"라고 강조했다. 오늘날 MZ세대가 중시하는 공정성 이슈도 결국은 돈으로 귀결된다. 돈은 문제해결의 중심에 있으며 문제를 사전에 막을 수 있는 안전판 역할을 한다.

2022년 3월 경제협력개발기구OECD는 국내의 실질 은퇴 연령은 평균 72.3세로 초고령 사회인 일본보다 높았고 OECD 국가 중에선 1위라고 보도했다. 누구보다 열심히 일하고 부자 되는 방법을 알려주는 베스트셀러 책을 모조리 읽어도 현대인 대부분은 경제적 속박에서 벗어나지 못하고 있다. 안타깝지만 사람들은 관뚜껑을 덮는 순간까지 "이제 돈은 필요없다"는 말을 하지 못한다.

1840년대를 배경으로 한 영화 〈노예 12년〉에는 이런 대사가
나온다.

"나는 단지 목숨을 이어가고 싶지 않소. 인간다운 삶을 원할 뿐
이지."

돈이 모든 것을 품은 오늘날 이 대사는 이렇게 바뀌어야 한다.

"나는 단지 목숨을 이어가고 싶지 않소. 경제적 자유를 원할 뿐
이지."

Point 🖋

모든 인간은 경제적 자유를 꿈꾼다

돈은 물질적 구매력은 물론 뇌의 인지기능,

타인과의 신뢰와 협력, 자아 존중감 등에 영향을 미친다.

현대 사회에서 돈은 가히 파괴적이다.

그래서 대부분 사람은 경제적 속박 상태를 벗어난 경제적 자유를 꿈꾼다.

2.

심리를 알아야 돈과 사람을 움직일 수 있다

○ **금융 위기 속에서 3조를 번 펀드매니저의 촉**

마이클은 UCLA에서 경제학과를 졸업하고 밴더빌트대 의학전문대학원을 마친 후 스탠퍼드대 의학전문대학원에서 신경외과 레지던트로 근무했다. 그는 의사로 근무하면서 블로그를 운영한 게 계기가 되어 펀드매니저 일을 하게 되었다.

9·11테러로 얼어붙은 금융시장을 활성화하기 위해 미국 정부가 수년간 저금리 기조를 유지하자 집값이 오름세를 보였고 많은 사람이 주택시장에 몰려들었다. 충분한 소득이 있거나 넉넉한 재산을 가진 사람들 대부분은 대출을 받아 너도나도 집을 샀다. 그런데 은행들은 낮은 대출금리로, 그것도 30년 장기 고정금리로 대출을 해주게 되니 영 불만이었다. 그래서 신용등급이 상대적으로 낮은 사람들에게도 주택담보대출을 해주기 시작했다. 집값이

오르고 있으니 돈을 갚지 못해도 담보인 집을 팔면 손해를 보지 않기 때문이다. 이런 식으로 주택담보대출 비율이 90퍼센트에 달하는 경우가 수두룩했다.[3] 당연히 대출 영업에 대한 인센티브가 컸다. 은행과 대출을 연결해주는 브로커들은 주택담보대출을 닥치는 대로 영업하기 시작했다. 은행과 대출을 알선하는 판매원들은 많은 보너스를 챙겼고 여러 채 집을 산 사람은 집값이 올라 부자가 된 기분을 느꼈다. 그렇게 모두가 행복해하고 있었다.

이런 시장의 흐름에 대부분의 경제 주체들은 문제를 느끼지 못했다. 마이클은 경제 활성화에 따라 금리가 오르면 빚을 제대로 갚지 못할 사람들이 속출할 것이라고 판단하고 금융기관에 수차례 경고했다. 하지만 아무도 그의 말에 귀 기울이지 않았다. 오히려 그를 미친 사람으로 취급했다.

결국 금리가 오르고 담보대출을 갚지 못하는 사람이 많아지자 주택시장은 무너져 내렸다. 신용등급이 낮은 사람들에게 해주는 주택담보대출인 '서브프라임모기지'는 금융위기가 현실화할 때까지 급증했다. 2007년 1월 모기지론 연체율은 최고를 기록했고, 이를 기반으로 만들어진 상품들도 줄줄이 손실을 면치 못했다. 상황이 진정됐을 때 부동산 가치는 물론 연기금, 퇴직금, 예금, 채권을 합쳐 5조 달러_{약 5,500조 원 상당}이 증발해버렸다. 미국에서만 800만 명이 직장을 잃었고, 600만 명이 집을 잃었다. 미국 금융시장을 주도하던 그 유명한 리먼 브러더스 주가는 2008년 9월

15일 '0'을 찍었다.

　"주택시장 붕괴에 쇼트주가 하락을 예상해 주식을 빌려 미리 매도하는 것을 의미하는 주식 용어하고 싶어요."

　글로벌 금융위기를 한참 앞둔 2005년 어느 날 마이클은 투자자에게 전화를 걸어 모기지 채권의 '신용부도스와프CDS'를 사겠다고 제안한다. 미국 주택시장의 문제점에 주목하여 곧 시장이 붕괴될 것이라고 예측하고 하락에 투자하는 공매도를 진행한 것이다. 다만 주택시장의 모기지 채권 상품에는 보험이나 옵션이 없었기 때문에 골드만삭스, 도이체방크, 리먼 브러더스, 베어스턴스 등 대형 투자 은행을 찾아가 없는 상품까지 신용부도스와프로 만들어가면서 투자를 진행했는데 펀드 자금을 너무 많이 끌어모은 나머지 크나큰 내·외부의 압박에 시달렸다. 그러나 2년 넘게 버틴 끝에 보란듯이 그의 예상이 적중했고 서브프라임모기지 사태가 터지며 마이클이 주택시장에 공매도한 스와프의 가치가 폭등한 결과, 펀드 수익률 489퍼센트와 수익 26억 9,000만 달러한화 약 3조 1,002억 원를 기록하며 어마어마한 수익을 남겼다. 이 이야기에 등장하는 마이클의 실제 이름은 영화 〈빅쇼트The Big Short〉의 주인공이자 사이언캐피털Scion Capital의 창업자인 마이클 버리Michael Burry다.

○ 부자들은 투자할 때 '전망 좋은 곳'을 찾지 않는다

2016년에 개봉한 영화 〈빅쇼트〉는 미국 문학의 아버지라 불리는 마크 트웨인Mark Twain의 말로 이야기를 전개한다.

"곤경에 빠지는 건 뭔가를 몰라서가 아니다. 뭔가를 확실히 안다는 착각 때문이다."

마이클 버리는 대세에 순응하지 않았다. 역사상 위대한 투자가로 칭송받는 사람들은 모두 역발상 투자가다. 그들은 남들과 반대로 가는 것을 투자원칙으로 삼고 있다.

투자 범위를 세계적으로 확대해 글로벌 펀드라는 새로운 분야를 개척하고, '월 스트리트의 살아 있는 전설'로 알려진 존 템플턴John Templeton은 역발상 투자를 하는 대표적인 인물이다. 그는 개인 돈 1,000만 달러당시 약 138억 원를 한국증시에 투자했던 적이 있었다. 템플턴이 한국증시에 투자한 시기는 1997년 말 IMF 구제금융 신청으로 한국 경제의 앞날에 먹구름이 잔뜩 드리워져 있던 시기였다. 그는 비관론이 최고조에 달할 때 역발상 투자전략으로 한국증시의 우량주인 삼성전자와 한국전력 등에 대거 투자해 높은 수익률을 올렸다. 이러한 그의 투자 철학은 부동산을 구매할 때도 그대로 적용된다.

존 템플턴은 부인과 사별 후 자녀들을 위해 롱아일랜드의 피셔스 아일랜드에 위치한 별장을 1만 5,000달러에 매입했다. 그 섬은 잦은 허리케인으로 홍수와 함께 인명피해가 심각한 지역이었다. 그런데 나중에 그 별장을 팔았을 때 받은 금액은 63만 달러였다. 무려 60배의 투자 수익률을 올린 것이다. 존 템플턴은 지난 1995년 미국의 경제 잡지인 《포브스》와의 인터뷰에서 자신의 투자 철학을 다음과 같이 표현했다.

"잘못된 질문은 '전망이 좋은 곳은 어디인가?'이고 올바른 질문은 '전망이 최악인 곳은 어디인가?'다. 주식을 사야 할 때는 비관론이 극도에 달했을 때다."

부자들은 자신만의 길을 걷는다. 대다수의 사람이 주식을 거들떠보지 않을 때 비로소 주식을 사고, 반대로 사람들이 주식을 최고의 화제로 올리는 순간 주식을 판다. 다시 말해 부자는 다수의 사람들이 움직이는 반대의 방향으로 간다.

부자들이 대세에 순응하지 않고 남들과 반대의 길로 가는 이유는 무엇일까? 기업경영전략의 최고 권위자이자 스탠퍼드대 경영대학원 교수인 윌리엄 바넷William P. Barnett은 그의 동료와 함께 이 질문의 이유를 밝히기 위해 '좋은 시기에 시장에 진입하는 기업'과 '나쁜 시기에 시장에 진입하는 기업'을 비교했다. 연구 결과 '나쁜 시기에 시장에 진입하는 기업'이 더욱 장기적으로 성공을 누렸다는 사실을 발견했다. 전망이 좋아 보이는 시장에 진입하는 것은 기업가의 판단력을 흐리게 만든다.

반면 상황이 좋지 않은 시장에 진입한 기업가들은 자신의 선택이 옳은지를 매 단계마다 증명해야 한다. 투자를 받기도 어려울 것이고 외부기관의 끊임없는 부정적 평가를 극복하기 위해 더 과 감한 전략을 펼쳐야 한다. 이 과정에서 기업은 강해지고 마침내 성공하면 많은 이득을 독점한다.[4]

각종 연구 자료나 부자들을 인터뷰해보면 그들은 대세에 순응 하지 않고 남들과 거꾸로 간다는 것을 알 수 있다. 부자들의 역선 택과 관련하여 발췌한 문장들은 다음과 같다.

- 부자들은 규칙을 어기고 허용된 경계를 넘나들면 현 상태를 거 스르는 위험을 감수한다.
- 부자들은 권위에 저항하고 모험하기를 좋아한다.
- 부자들은 규칙은 깨져야 한다고 강조한다. 규칙을 지나치게 강 조하면 결국 규칙이 자신을 압도하기 때문이다.
- 부자는 기존의 문법을 모방할 가능성이 적고 새로운 환경을 탐 구한다.
- 부자는 다수의견에 반대하는 것에서 즐거움을 느낀다.
- 부자는 자신의 의견이 다수의 의견과 같아도 다른 개념으로 인 식한다.

위 행동 패턴 외에도 부자의 공통점은 또 있다. 부자들은 결코 무리 짓지 않는다. 부자들은 유행이나 타인의 평가에 흔들리지 않는 판단력을 가진 사람들이다. 그래서일까. 대부분의 부자는 유행과 먼 클래식을 즐기고, 집단 스포츠보다 개인 스포츠를 좋아하는 경향이 강하다. 부자들이 돈을 벌어들이는 행위의 본질은 '혼자 하는 작업'이기 때문이다.

부자들을 대상으로 자체 인터뷰를 실시한 결과에서도 동일한 결과가 나왔다. '자신만의 길을 가고 싶다'라는 항목에서 인터뷰 대상자 55명 중 53명이 '그렇다'라고 했고, 2명은 '보통이다'에 응답했다. '그렇지 않다'에 응답한 사람은 한 명도 없었다. 인터뷰 내용을 분석해보면 부자들은 2가지 유형으로 분류된다. '자신만의 길을 가고 싶다'라는 항목에서 '그렇다'라고 응답한 부자들은 다수 의견에 적극적으로 반대하며, 반대가 주는 것에서 즐거움을 느낀다. 동일한 항목에 '보통이다'라고 응답한 부자들은 다수의 의견에 무관심한 유형으로 이들은 다른 사람들이 어떻게 생각하는지를 고려하지 않고 독자적으로 결정한다.

그렇다면 대중을 따르지 않는 부자들은 구체적으로 어떻게 의사결정을 내릴까? 기업가이면서 부동산 투자로 크게 성공한 최대표의 실제 사례를 통해 살펴보자.

2002년 최 대표는 한 도시에서 아파트 38채를 구매했다. 최대표가 그의 은행 담당자와 식사를 하며 이 소식을 전하자 은행 담당자는 "도저히 이해할 수 없는 결정이네요. 지금이라도 당장 그 계약을 해지하는 게 좋을 겁니다."라고 흥분하며 만류했다. 그때 최 대표는 자신이 아주 올바른 거래를 했음을 깨달았다. 비관론이 최고조에 달했을 때, 심지어 대중의 정보를 분석하는 은행의 의견이 이렇다면 자신의 판단은 절대 옳다고 확신한 것이다. 정확히 은행과 반대되는 결정을 내린 것이다. 금융위기와 정부의 고강도 규제 대책으로 인해 반짝 하락세를 보인 때도 있었지만 지금 최 대표의 아파트는 2002년 대비 305퍼센트 상승했다.

○ 무리에서 이탈하는 5퍼센트가 부를 거머쥔다

센스 있는 입담과 남다른 텐션을 타고난 방송인 L은 2008년 동료 연예인 J의 소개로 주식투자에 발을 들인다. 대기업 출신인 그의 아버지가 주식투자를 잘못해 집 한 채 값을 손해 보는 모습을 경험하면서 주식투자에 부정적인 시각을 가지고 있었지만 동료 J가 소개한 종목이 연이어 급등하는 모습을 지켜보면서 '나 혼자 바보가 될 순 없어'라는 생각으로 해당 종목을 매수한다. L이 매수하자 해당 종목은 급등했다. 1,000원 후반대에 들어가자마자 2,950원까지 뛰었고 순식간에 불어나는 액수를 보면서 그는 주변 사람들에게 소개하기도 했다. 하지만 급등세는 오래가지 않았고 이내 하락장으로 들어서더니 결국 350원대에 손절했다. 놀라운 사실은 그는 지금까지 해당 종목이 뭘 하는 회사인지도 몰랐다고 한다.

잘 모르는 회사에 투자하면 안 된다는 사실을 깨달은 L은 코스피 우량주는 괜찮다는 다른 지인의 말에 대림산업에 투자한다. 하지만 L이 매수하자마자 중동발 어닝쇼크로 건설업 전체가 극도의 불황에 시달리면서 2013년 10만 원이었던 주가는 5만 원 선까지 급락했다. 50퍼센트의 손해를 보고 L이 손절하자 놀랍게도 주가는 기다렸다는 듯이 회복세로 들어섰고 2019년 고점을 넘어섰다.

L은 지인의 말을 듣고 또다시 다른 종목인 CJ ENM에 투자한다. 연예계 인맥을 활용해 2013년 말 "CJ ENM에서 대작을 준비하고 있다더라"라는 정보를 받은 후 진입한 것이다. 하지만 대박이 터진다는 정보와 달리 해당 종목의 주가는 10만 원 초반대를 유지하면서 극심한 손해를 보고 손절해야 했다. CJ ENM의 주가는 지금까지도 L이 매수한 40만 원대가 최고점이다.

L의 투자 흑역사는 여기서 머물지 않는다. CJ ENM을 추천해줬던 지인이 굉장히 미안해하며 다른 주식을 추천한 것이다. 그가 소개한 곳은 비상장 기업이었고 L은 앞서 뭘 하는 회사인지도 모르고 투자했다가 실패한 경험을 발판 삼아 해당 회사에 직접 방문하기도 했다. 장고 끝에 진입했으나 그 회사는 상장에 실패했고 투자했던 금액은 한 푼도 돌려받지 못했다.

남 따라 투자해서 돈 번 사람 봤는가? 그런데 왜 사람들은 무리 지어 투자할까? 왜냐하면 두려움이 덜하기 때문이다. 친구가 신형 스마트폰을 사면 자신도 사야 하고 옆집이 새 차로 바꾸면 자기도 차를 바꾸고 싶어 한다. '남이 장에 간다고 하니 거름 지고 나선다'라는 속담같이 다른 사람과 똑같이 행동해서 두려움을 줄이고 심리적 위안을 얻으려는 것이다.

이러한 행동 속성을 세일즈맨을 예로 들어 살펴보자. 손님에게 제품 기능의 우수성을 늘어놓는 판매원은 하수다. 고수는 "이 제품이 가장 많이 팔립니다"라는 단 한마디로 쉽게 매출을 올린다. 도서 중에 '베스트셀러'가 가장 판매량이 높은 이유, 상품 광고에 '가장 인기 있는'이란 수식어가 따라붙는 이유도 그래서다. 신호등이 빨간불이라도 다수가 무시하고 건널목을 건너면 따라 건너는 행동 심리와 같다. 이러한 사람들의 심리를 '사회적 동조성 Conformity'이라고 한다. 사회적 동조는 경우는 다음과 같은 상황일 때 더 많이 일어난다.

- 자신이 정답을 모른다는 생각이 들거나 자기 신념이 모호할 때
- 집단에 적어도 3명이 있고 구성원들이 만장일치할 때
- 개인이 불안감을 느낄 때
- 그 집단의 다른 구성원이 나를 관찰하고 있다고 느낄 때
- 낮은 지위에 있는 사람일 때

툰드라 지역에 사는 레밍Lemming은 쥐의 일종으로 정상적인 상태에서는 먹을 것이나 새로운 서식처를 찾아 주로 밤에 줄지어 움

직이는 속성을 가지고 있다. 하지만 몇 년에 한 번씩 활발한 번식으로 숫자가 늘어나면 평소에는 가까이 갈 엄두도 못 내던 포식동물에게 덤벼들거나 대낮에도 줄지어 이동하고 장애물을 만나면 무작정 돌진하는 등의 돌발 행동을 한다. 돌진하는 습성으로 떼를 지어 바다에 뛰어들어 헤엄치다가 모두 빠져 죽기도 한다.

투자도 마찬가지다. L의 사례나 레밍처럼 치열한 상승장에 뒤처질까봐 노심초사하다가 무리 지어서 함께 투자하면 안전하다고 착각하는 경우가 많다. 제약회사에서 신약 실험을 할 때 생쥐를 대상으로 하는 건 우연이 아니다. 미국 메사추세스 캠브리지의 염색체 조사기관인 화이트헤드 연구소Whitehead Institute에 따르면 '쥐와 인간의 유전자가 약 99퍼센트 흡사하다. 80퍼센트는 아주 똑같으며, 서로 일대일 대응을 이루고 있다'고 한다.

따라서 신문이나 방송에서 평범한 사람이 투자해서 돈을 벌었다는 기사가 나거나 펀드 매니저가 특정 종목에 몰려들 때는 조심해야 한다. 또 조회수 높은 유튜브에서 돈 버는 비법을 가르쳐주며 투자를 권고하거나 재테크 분야의 책이 잘 팔릴 때는 투자를 중지하고 하차하는 것이 좋다. 이 모든 것은 천장에 다가왔다는 경고의 신호다.

부자들이 부자인 이유는 외로운 사자처럼 홀로 다니기 때문이고, 빈자가 가난한 이유는 무리 지어 다니는 레밍이기 때문이다. 투자에서 성공하려면 대중적 판단에 근간을 둔 사회적 동조성을 뿌리치고 소수 편에 서는 것이 유리하다. 그러나 무리 짓는 본능은 소수 편에 서는 것을 항상 방해한다. 이것을 극복한 오직 5퍼센트만 부자인 사자가 되고, 95퍼센트의 빈자들은 알고도 레밍으로 존재한다.

Point 🖋

부자는 다수와 반대 방향으로 움직인다

부자는 무리 지어 행동하지 않는다.

투자에 성공하려면 대중적 판단에 근간을 둔

사회적 동조성을 뿌리치고

소수 편에 서는 것이 유리하다.

3.

부자는 포도주 창고에
살아도 취하지 않는다

○ 억만장자의 비밀 장부

척 피니Chuck Feeney는 세계 대공황 시기인 1931년
미국 뉴저지에서 아일랜드계 미국인 가정에서 태어났다. 아버지
는 보험사, 어머니는 간호사였다. 넉넉하지 않은 가정 형편 탓에
피니는 항상 돈 벌 궁리를 해야 했다. 그는 친구 아버지에게서 받
은 크리스마스 카드를 집집마다 다니며 파는 것으로 첫 비즈니
스를 시작했다. 이후 크리스마스가 다가오면 집배원을 도와 편지
를 부쳤고 청소할 집을 찾아다니며 청소부로 일했다. 골프장 캐
디, 파라솔 대여 일 등 쉬지 않고 돈을 벌었다.

1952년 미국 공군에서 제대하면서 수당으로 634달러 33센트를
받은 피니는 돈을 보태 코넬대에 진학했다. 악착같이 돈을 벌어야
한다는 생각은 대학에 진학해서도 여전했다. 학생들이 밤에 출출

해도 마땅히 사먹을 것이 없다는 점을 간파하고 샌드위치를 만들어 기숙사 주변에서 팔기 시작했다. 이 때문에 대학 시절 내내 피니에게는 '샌드위치 맨'이란 별명이 붙었다. 그는 샌드위치를 판 돈을 장학금에 보태 학비와 생활비를 스스로 해결했다.

그랬던 피니가 대학 동창이었던 로버트 워런 밀러Robert Warren Miller와 '공항 면세 쇼핑'의 새로운 비즈니스 모델을 개발하며 면세점 그룹 DFSDuty Free Shoppers을 설립한 건 1960년이다. 당시 유례없는 경기 호황을 맞은 일본 관광객을 집중 겨냥하며 하와이와 괌을 시작으로 유럽 등지로 사업을 확장해나갔다. 그는 잠시도 쉬지 않았으며 새로운 사업을 끊임없이 모색했다. 그러나 1997년 세계적인 면세점 체인으로 성장한 DFS의 매각 문제로 피니는 법정 분쟁에 휘말려 조사를 받는다. 그의 사무실은 압수수색을 당했고 이로 인해 그만의 은밀한 '비밀 장부'가 발각되었다. '뉴욕컨설팅'이라는 회사 명의로 15년간 수억 달러를 횡령한 듯 추정되던 비밀 장부의 정체가 밝혀진 것이다.

돈밖에 모르는 사람으로 악명 높은 피니의 반전 드라마가 펼쳐졌다. 비밀 장부로 인해 피니가 15년 동안 남몰래 약 2,900회에 걸쳐 수십억 달러를 기부했으며, 1982년 애틀랜틱 필랜스로피 기부 재단을 설립해 미국은 물론 베트남, 필리핀, 쿠바 등 도움이 필요한 나라의 의료와 교육 분야를 지원했다는 것이 만천하에 알려졌다. 소송에 휘말렸을 때 변호사 수임료마저 깎으려 했으며,

경제인 모임에서도 계산을 하지 않으려고 일찍 자리를 떠서 비난받던 피니의 반전 행동에 사람들은 놀라지 않을 수 없었다.

DFS를 통해 억만장자가 된 피니는 1982년에 설립한 자선재단 애틀랜틱 필랜스로피Atlantic Philanthropies를 통해 전 재산 80억 달러를 모두 기부했다. 대개 기부자가 대학에 기부하면 기부자의 이름을 남기는 게 일반적이지만 피니는 그러지 않았다. 현재 척 피니의 이름이 붙은 건물은 하나도 없다. 평소에도 피니는 10달러짜리 시계를 차고 다니고 부인과 샌프란시스코의 임대아파트에 살면서 자동차와 집 없이 지하철을 타고 다니며 이코노미 클래스로 비행하는 등 검약의 생활을 즐긴다. "두 발은 한 켤레의 신발만 신을 수 있다. 수의壽衣에는 주머니가 없다. 천국에서는 돈이 필요 없다"가 그의 좌우명이다.

척 피니의 반전 드라마는 다른 자선가들에게 시금석이 되었다. 빌 게이츠가 시작한 기부 운동으로, 전 세계 대부호들이 사후나 생전에 재산의 대부분을 사회에 환원할 것을 약속하는 '더 기빙 플레지The Giving Pledge'도 피니의 아이디어에서 비롯되었다. 워런 버핏도 피니를 롤모델이자 자신의 영웅으로 가슴 깊이 새긴다.

○ 부자는 포도주 창고에 살아도 취하지 않는다

스탠퍼드대 부설 어린이집 실험실. 미셸 박사는 인생의 성패

여부를 결정하는 중요한 요인이 즉각적인 쾌락본능을 지연시킬 수 있는 인내심이라고 가정하고 이를 검증하기 위해 실험에 착수했다. 그는 네 살짜리 아이들을 5시간 굶긴 다음에 식탁으로 데려와 마시멜로를 하나씩 나눠주면서 이렇게 말했다.

"잠깐 나갔다 올 동안 먹지 않고 기다리면 하나 더 줄게."

15분이 지난 후 어떤 아이들은 쾌락본능을 참지 못하고 마시멜로를 먹어버렸다. 인내력을 발휘해 유혹을 견뎌낸 아이들도 있었다. 10여 년 후 아이들이 보여준 차이는 상상 외로 컸다. 쾌락본능을 참아낸 아이들은 그렇지 못한 아이들에 비해 훨씬 우수한 성적으로 고등학교를 졸업했고 SAT 점수도 210점이나 더 높았다. 20년 뒤 대학 졸업 성적도 좋았고 사회 적응도 잘했으며 더 부자가 되었다.[5] 미셸 박사의 실험에 논란의 여지는 있지만 쾌락본능을 억제할 수 있는 사람이 성공하고 부자가 될 가능성이 높다는 것에 이견을 제시하는 사람은 많지 않다.

흔히들 '부자'라고 하면 별다른 활동 없이 쌓아둔 돈으로 요트와 전용기를 타거나 개인 트레이너와 성형외과 의사들을 집으로 부르고, 수영장과 스키장, 골프장, 호텔 레스토랑에서 느긋하게 시간을 보내는 부자들의 모습을 떠올린다. 하지만 현실은 그렇지 않다. 세계적인 부자학의 대가인 토머스 스탠리Thomas Stanley 박사는 이렇게 반론한다.

"미국에서 성공한 부자들은 대부분 자수성가한 사람들로, 중상

류층 동네에 살며 고급 승용차가 아닌 중저가 자동차나 중고차를 끈다."

댄 스트러첼Dan Strutzel의《부자의 패턴The Top 1%》에 따르면, 부자는 수입보다 훨씬 적은 돈을 소비하고 수입의 25~50퍼센트에 달하는 엄청난 금액을 저축한다. 또한 그들은 때와 장소를 가리지 않는 근무시간과 스트레스, 수면 부족에 시달리고 있다. 그들은 그저 일반 사람과 다른 방식으로 다른 일을 할 뿐 생계를 위해 누구보다 열심히 일하고 있다.

무엇보다 부자는 장기적인 경제적 자유를 누리기 위해 당장의 쾌락본능을 억제하는 생활방식을 고수하며 크고 작은 희생을 감수한다. 워런 버핏은 아직도 1958년에 3만 1,500달러를 주고 산 오마하의 방 5개짜리 집에 산다. 한때 대문이 없는 너무 소박한 집에 살아서 도둑이 들었다는 일화도 있다. 워런 버핏은 자녀들에게도 어려서부터 '공짜 점심은 없다'는 산 교육을 했고, 자녀들은 자신에게 어울리는 인생을 스스로 구상하고 개척한다. 카이스트 개교 이래 최고액인 총 766억 원을 기부한 광원산업 이수영 회장도 명품 브랜드 대신 인터넷과 홈쇼핑에서 구매한 1만 원짜리 옷을 입고 가짜 진주목걸이를 착용한다.

1960년대에 일본은 '저축 대국'이라 부를 정도로 저축률이 높은 국가였다. 그 이유를 신체적 쾌락과 저축률의 상관관계로 해석하는 심리학자도 있다. 일본의 가옥은 대부분 목조주택으로 방바닥에는 다다미를 깔아 여름에는 시원하고 겨울에는 온도가 너무 많이 내려가지 않도록 고안되었다. 그런데 다다미가 볏짚으로 만들어져 있어서 아기가 똥을 싸면 다다미에 똥이 끼어 청소하기가 매우 어렵다는 문제가 있었다. 그래서 일본의 부모들은 어릴 때부터 아기들의 배변 훈련을 엄격하게 통제했다. 어린 시절 육체적 쾌락을 통제당한 배변 훈련 때문에 일본의 절약과 저축률이 높다는 것이다. 이런 논리의 배경에는 정신분석이론Psychoanalytic Theory으로 인간행동의 이해와 정신치료의 새 지평을 연 지그문트 프로이트Sigmund Freud가 있다. 그는 어린 시절 배변 훈련이 성인이 된 후에 절약과 낭비의 태도를 결정 짓는다고 강조한 바 있다.

쾌락본능을 조절하는 부자들은 자기 절제가 필수다. 단적으로 매년 포브스에서 선정하는 세계 부자 순위에 거론된 부자만 봐도 비만인 사람이 한 명도 없다. 전 세계를 대상으로 무역업을 하고 있는 친구가 이런 말을 한 적이 있다.

"잘사는 동네인지 아닌지는 길거리에 지나가는 사람들의 몸매를 보면 대충 알 수 있어. 내가 머물렀던 부자 동네에는 뚱뚱한 사람을 찾아보기 힘들어. 대신 운동하는 사람들을 쉽게 볼 수 있었지."

그도 그럴 것이 비만인 사람은 자신의 몸에서 나오는 신호보다 외부 신호에 더 큰 영향을 받기 때문에 쾌락 조절 능력이 떨어져 다이어트에 실패할 확률이 높다.

부자들은 도박에 올인 하지 않는다. 도박중독자를 행복하게 만드는 것은 돈을 따는 것보다도 순간의 쾌락본능 그 자체에 있다. 많은 투자자가 하면 안 되는 줄 알면서도 도박이나 단기매매에 빠져드는 이유는 스릴과 쾌락을 거부할 수 없어서다. 실제 증권사에 죽치고 앉아 매일 두 끼를 해결하는 분을 인터뷰했더니 내게 이렇게 말했다.

"나는 거래 본능을 참을 수 없다. 꿈속에도 항상 주식 현황판이 나타나고 하루라도 거래를 하지 않으면 손가락이 근질거려서 미칠 것 같다."

종합하자면 다이어트에 성공한 사람은 부자가 될 수 있는 필요조건을 충족한다고 볼 수 있다. 부자는 음식점을 운영해도 살이 찌지 않는다. 부자는 포도주 창고에 살아도 술에 취하지 않는다. 부자는 카지노를 운영해도 전 재산을 올인하지 않는다. 결국 부자는 쾌락본능을 통제할 수 있는 사람이다.

○ 마실수록 목마른 쾌락본능

요즘 MZ세대를 중심으로 여기저기서 '욜로You Only Live Once'라고 외친다. 인생은 한 번뿐이니까, 후회 없이 하고 싶은 것을 하며 지금을 즐기자는 것이다. 욜로에 열광할 수밖에 없는 이유는 저성장 시대가 되면서 하루가 다르게 성장하던 과거와 달리 현재를 희생하면 미래에 지금보다 나은 삶을 누릴 수 있다는 희망이 사라져버렸기 때문이다.

욜로의 가장 중요한 특징 중 하나는 미래를 위해 현재를 희생하지 않는다는 점이다. 그런데 이 특징은 빈자들이 보이는 행동 패턴과 매우 유사하다. 스티븐 무어Stephen Moore, 아서 라퍼Arthur Laffer, 피터 타누스Peter Tanous의 공동 저서인《번영의 종말The End of Prosperity》에 따르면 오늘날에는 빈자들도 한때 사치품으로 여겼던 스마트폰, 냉장고, 세탁기, 자동차, 건조기, 전자레인지, 컬러TV, 에어컨 등을 소유한다. 놀랍게도 이러한 소비재를 소유한 빈곤층의 비율이 중산층의 비율보다 높다.[6]

또한 빈자들의 95퍼센트는 소득을 넘어서는 소비를 하고 있다. 신용카드를 이용해 한도 초과가 될 만큼 과소비를 하고, 값비싼 자동차를 사거나 빌려 타면서 검소와는 거리가 먼 현재의 삶을 즐긴다. 또한 직접 커피를 끓이는 대신 커피 전문점에서 매일 한두 잔을 사서 마시는 편리함을 선택한다. 밥은 굶어도 유행을 따라잡지 않으면 못 배기는 듯한 사람들의 일상을 어렵지 않게 SNS에 찾아볼 수 있다.

다음 그래프는 은행과 저축은행, 카드론이 모두 포함된 20대의 마이너스 통장과 카드 대출 현황이다. 2019년 말 2조 738억 원에서 2020년 6월 말 2조 1,451억 원으로 매년 증가하고 있다.

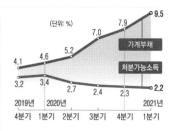

20대 마이너스 대출 현황   가처분소득과 가계부채 증가율

경기침체와 취업난이 원인이기도 하지만 미래를 위해 현재를 희생하지 않는 소비 패턴을 무시할 수 없다. 이러한 소비 패턴은 오른쪽 그래프인 〈가처분소득과 가계부채 증가율〉에서 보듯 전 연령층으로 확대되고 있다. 2018년부터 유행했던 소확행소소하지만 확실한 행복과 플렉스Flex는 욜로와 더불어 쾌락적 소비를 더욱 자극한다. 물론 MZ세대도 평상시에는 가성비를 따지며 최저가 물품으로 허리띠를 졸라맨다. 티끌 모아 자신이 정한 순간의 쾌락과 플렉스를 자행하기 위해서 말이다.

군이 개미와 베짱이의 우화를 소환하지 않아도 알 것이다. 우리가 알아야 할 명확한 사실은 베짱이의 수명은 6~8개월밖에 되지 않는다는 것이다. 베짱이는 어차피 한여름만 살 뿐이다. 그들은 발휘할 수 있는 모든 쾌락본능을 강화시켜 짧고 굵게 살다 가면 된다. 하지만 인간은 평균수명이 길어짐에 따라 생후 100년의 차가운 겨울을 보내야 한다. 그런데 빈자 대부분은 구체적인 목표 없이 인생이란 강물에 뛰어들어 흐르는 대로 살아간다. 도중에 여러 가지 사건이나 도전에 직면하게 되면 미래를 위한 희생보다는 현재를 위한 쾌락본능에 따라 그때그때 임시방편으로 대응한다. 이러한 반복된 행동 패턴을 '쾌락의 쳇바퀴Hedonic Treadmill'라고 부른다. 쾌락의 쳇바퀴는 바닷물과 같아서 마실수록 목마르다. 월급이 올라도 오른 만큼 행복해지지 않는 이유도 끝없이 돌려야 하는 쾌락의 쳇바퀴 때문이다.

인정하고 싶지 않겠지만 우리의 행동을 결정짓는 것은 이성과 논리가 아니다. 쾌락본능이 인간의 행동을 지배한다. 따라서 부자가 되려면 스스로 쾌락본능을 통제하고 조절할 수 있어야 한다. 욜로의 진정한 정의는 소비로 탕진하라는 것이 아니라 쾌락본능을 통제하여 값진 인생을 살라는 것이다.

○ 진짜 부자는 명품이 아닌 실용적 쾌락을 추구한다

빈자는 부자가 되기만을 바란다. 이것은 '일시적 쾌락'이다. 반면 부자는 부자가 되기 위해 집중하고 가치를 창출하기 위해 헌신한다. 이것은 '실용적 쾌락'이다. 돈밖에 모르는 사람으로 악명 높은 피니가 전 재산 80억 달러를 기부한 것은 실용적 쾌락이다.

유대인 부자들은 의식주를 해결하기 위해 필요한 것 이상의 부는 자기의 소유가 아니라고 생각하고, 넘치는 재산은 위탁받아

관리하는 것뿐이라고 생각한다. 이른바 '청지기론'이다. 따라서 그 돈을 움켜쥐고 있으면 안 된다. 부자는 인체의 심장 역할을 해야 한다고 그들은 생각한다. 심장이 피를 인체 곳곳에 흘려보내야 인체가 건강을 유지하듯 부자는 가지고 있는 돈을 사회를 위해 흘려보내야 건강한 사회가 된다고 그들은 믿고 있다. 빌바오, 뉴욕, 베네치아 등에 미술관을 지은 구겐하임 가문 역시 모은 돈을 의미 있는 자선사업에 썼으며, 특히 예술 부문과 항공 분야 발전에 크게 기여했다.[7]

유대인 부자와 구겐하임 가문이 그러했듯 거대한 부와 성공을 이룬 부자들은 단순히 부를 넘어 실용적 쾌락을 추구한다. 앤드류 카네기Andrew Carnegie는 철강 제조와 판매에 헌신했고, 프랭크 울워스Frank W. Woolworth는 세계 최초의 가격파괴형 프랜차이즈를 만들었다. 월터 크라이슬러Walter Chrysler와 윌리엄 듀런트William Crapo Durant는 자동차 산업에 총력을 기울였고, 제임스 제롬 힐James Jerome Hill은 거대한 대륙 간 철도 건설과 관리 사업에 온 정신을 집중했다. 알렉산더 그레이엄 벨Alexander Graham Bell은 근대 통신의 발전과 관련된 과학 연구에 헌신했고, 사이러스 커티스Cyrus Curtis는 전 생애를 미국 최대의 주간지《새터데이 이브닝 포스트The Saturday Evening Post》의 발행과 발전에 이바지했다.

악착같이 돈을 벌어 핸드백이나 구두, 의류, 자동차, 시계 등의 명품 브랜드를 줄줄이 꿰고 있다면 당신은 가짜 부자다. 진짜 부자는 명품이나 브랜드를 초월한다. "10달러짜리 시계도 잘 가는데 왜 비싼 게 필요한가"라며 반문하는 피니의 태도에서 알 수 있듯, 진짜 부자는 물질과 일시적 쾌락이 자신의 가치를 높이거나 차별화시키는 요인이 아님을 확신한다. 그 확신은 죽음의 순간까지 이어진다. 그렇기에 전설적 자선사업가인 앤드류 카네기가 남긴 "부유한 죽음은 불명예스럽다"라는 말을 늘 새기고 행동한다.

Point 🖋

부자는 쾌락본능을 통제할 줄 안다

쾌락본능은 인간의 행동을 지배한다.

따라서 부자가 되려면 쾌락본능을 통제하고 조절할 수 있어야 한다.

빈자는 일시적 쾌락으로 부자가 되기만을 바란다.

반면에 부자는 사회적 가치를 창출하고 헌신하는 실용적 쾌락을 즐긴다.

4.

SNS에서 진짜 부자를
만날 수 없는 이유

○ 스타벅스 초록 컵에 담긴 환상

2013년 일본 스타벅스 도쿄 스카이트리점은 3~4만 원이었던 한정판 텀블러를 약 30배 가격인 103만 원가량에 판매한다는 소식을 알렸다. '텀블러 가격이 100만 원이 넘는다고?'라는 의심을 품고 확인해보았더니 관계자는 "실제 해당 가격으로 판매 중인 상품이 맞다"고 대답했다. 텀블러를 구매한 20대 고객은 "지금 이 순간이 가장 행복하다"고 말했다. '행복하기 위해 소비한다'는 이 세대는 인스타그램, 유튜브, 페이스북 등 SNS에 과시함으로써 그 소비를 완성한다. 이들이 불황에도 스타벅스의 매출을 견인하고 있다.

이는 일본뿐만 아니라 한국에서도 나타나는 현상이다. 스타벅스는 일본과 한국에서도 명실상부 1위 커피 프랜차이즈 기업이며, 20년 넘게 꾸준히 그 명성을 유지해왔다. 스타벅스 텀블러 수집 전쟁이 벌어지는 모습을 본 미국, 호주, 캐나다 사람들은 다음과 같이 도저히 이해가 불가하다고 말한다.

"아니 미국이나 캐나다는 커피가 잘 안 팔리는 오후 시간에 음료 할인이나 원 플러스 원도 많이 하는데, 여기는 가격할인이 없는데도 스타벅스 텀블러를 디자인별로 사들이질 않나 프리퀀시를 구걸하지 않나, 커피하고 상관없는 것들까지 스타벅스 로고만 박으면 환장을 하는지, 정말 이해불가예요."

이처럼 스타벅스의 성공을 단순히 커피의 맛과 향, 팍팍한 현실에서 행운을 기대하는 감성적 소구가 잘 결합한 마케팅만으로는 설명할 수 없다.

한국에서 스타벅스 1호점을 연 곳이 어디일까? 바로 이화여대 앞이다. 왜 국내 최고의 여대로 손꼽히는 이화여대 앞이었을까? 같은 음식을 소개할 때 소개자의 신분에 따라 수용하는 이가 느끼는 신뢰도는 달라진다. 길가는 행인이 소개하는 식당보다는 방송인 이영자가 추천하는 음식점이 더 믿음이 가는 이유와 같다. 만약 스타벅스 커피가 이화여대 앞이 아닌 경찰대학교 앞에 처음 오픈했다면 이야기는 달라진다. 때로는 제품보다는 그 음식을 소개하는 이의 권위에 따라 평가 결과가 달라지고는 한다. 일본 스타벅스 1호점을 도쿄에서 가장 비싼 거리인 '긴자'에 낸 이유도 같은 맥락이다.

스타벅스의 초록색 세이렌 로고가 박힌 종이컵을 들고 다니는 이화여대생. 이는 '스타벅스=고급 커피의 대명사'라는 강렬한 이미지를 낳았다. 지금도 스타벅스 매장에 앉아 노트북을 앞에 두고 커피를 마시는 자신의 모습에 특별함을 부여하는 이들은 많다. 이들은 SNS에 스타벅스 컵을 업로드한 인증샷을 여기저기 올려댄다.

실제로 스타벅스는 고객이 중요하게 생각하는 과시적 소비성향의 요인을 파악하여 그에 맞는 제품을 개발하였고 고객의 충성도를 높였다. 충성스러운 고객들이 주도적으로 스타벅스 로고가 박힌 컵을 들고 다니거나 SNS에 과시하기 때문에 스타벅스 브랜드를 홍보하기 위한 돈을 들일 필요가 없는 것이다. 일상에서 과시욕을 드러내는 스타벅스의 고객이 바로 광고 그 자체이기 때문이다.

○ SNS 관종들 속에 진짜 부자는 없다

우리의 일상은 SNS와 밀접해진 지 오래다. 타인의 삶을 엿보는 동시에 타인에게 자신의 근황을 알릴 수 있는 도구를 손에 쥔 사람들은 틈만 나면 SNS에 접속한다. 그러나 SNS에 올라오는 사진 중에는 역효과를 일으키는 내용이 많다. 그 대표적인 것이 '자아도취형' 사진이다. 실제로 SNS 이용자 10명 중 7명68.8%은 사람들이 SNS에서는 모두 자신의 행복한 모습만 보여주고 싶어하는 것 같다고 응답했다. 그러나 SNS에서 보이는 모습이 그 사람의 진짜 모습이라고 생각하는 사람은 전체의 6.6퍼센트 밖에 되지 않았다.[8]

물론 어느 정도 자아도취는 필요하다. '건강한 관종이 뜬다'는 말이 있듯이, SNS의 발달로 사람들의 관심을 끌고 싶어 하는 '관종관심종자'을 대하는 사람들의 시선은 이제 어느 정도 너그러워졌다. 관종들이 관심을 받고자 과도한 행동과 언행을 한다고 여겼던 예전과는 달리 이제 그러한 행동을 통해 자신이 어떤 사람인지 알리고 자신의 취향을 알리는 것이 용인되는 분위기가 형성되었기 때문이다. 국내 연구에 따르면 'SNS를 통한 과시욕은 물질을 통한 부나 지위의 과시를 위한 행위라기보다, 타인의 관심을 받으며 자신의 가치를 고양시키는 행위에 더 가깝다'고 한다.[9]

문제는 자신이 가진 것보다 더 많이, 자신이 할 수 있는 정도를 넘어서 심지어는 전혀 해본 적 없는 것까지 범위를 넓혀 과시욕을 드러내는 것이다. 유달리 남의 눈을 의식하는 한국인의 과시욕은 남다른 측면이 있다. 어떤 이상적인 사회 규범을 정해놓고 그 기준에 벗어나지 않아야 사람 대접을 받다 보니 늘 남과 비교하는 행동 특성이 몸에 밴 것이다. 친구가 명품백을 들었으니 카드 할부로라도 구입해야 직성이 풀리고, 외제차가 유행하니 따라 타야 같은 부류에 낄 수 있다는 생각을 갖고 사는 사람이 우리

주변에는 의외로 많다. 나의 본모습보다는 남에게 보이는 자신의 이미지에 더 집착하기 때문이다. 지나친 과시욕은 남들에게 자신이 어떻게 비칠까 하는 두려움에서 비롯된 만큼 부의 축적과 진정한 행복과는 거리가 있을 수밖에 없다. 삶의 기준이 내가 아닌 남이니 결국 남의 삶을 사는 것이다.

170만 독자를 사로잡은 기시미 이치로岸見一郎의 책《미움받을 용기嫌われる勇氣》에는 이런 구절이 나온다.

정말로 자신 있는 사람은 자랑하지 않아.

열등감이 심하니까 자랑하는 걸세.

자신이 우월하다는 것을 일부러 과시하려고 하네.

그렇게라도 하지 않으면 주위에 누구 한 사람 '이런 나'를 인정해주지 않을까 봐 겁이 나거든.

○ 과시하지 않음으로써 과시한다

빈자는 SNS에 일방적인 자아도취형 사진과 글을 올린다. 반면 똑똑한 부자들은 굳이 SNS에 부자임을 과시하지 않는다. 돈 자랑을 해 봐야 질투의 대상만 될 뿐 도움이 될 만한 점이 전혀 없다는 것을 잘 알고 있기 때문이다. 필자가 인터뷰한 국내 자수성가형 부자는 과시하지 않는 이유를 내게 이렇게 설명했다.

"가진 게 없던 시절에는 과시할 만한 게 없고, 과시할 게 많아진 뒤에는 과시를 할 수 없었다. 나의 과시로 인해 상대방이 느끼게 될 우울과 상대적 박탈감을 누구보다 잘 알기 때문이다."

여기서 포인트는 '똑똑한' 부자다. 자수성가가 아닌 부를 세습받은 부자의 경우는 SNS를 통해 과시욕을 드러내는 경우가 종종 있다. "나는 조 단위로 버는 사람이야", "나 자체가 기적이야"와 같은 자아도취형 영상을 본 사람들은 다소 황당무계하다며 그 회사 제품 불매운동에 들어간다.

시장조사 컨설팅회사 해리슨 그룹의 부회장인 짐 테일러Jim Taylor는 미국 내 부자 6,000명을 대상으로 인터뷰를 했는데, 순자산이 증가한 부자들의 핵심 특성은 '은밀한 부Stealth Wealth'의 추구인 것으로 드러났다. 부자들 중 89퍼센트는 돈 있는 것을 과시하지 않았으며, 돈을 드러내지 않는 은밀한 부의 중요성을 믿었다.[10] 부를 교회 종처럼 꼭대기에 달아 크게 울려 퍼지게 하지 않는다.

160년이 넘는 시간 동안 세계적으로 존경받는 부자 가문인 스웨덴의 발렌베리Wallenberg 가문이 돋보일 수 있었던 비결도 '존재하지만 드러내지 않는다'는 가문의 철칙을 지켰기 때문이다. 발렌베리의 후손들은 항상 대중의 시선 밖에 머무르려고 노력한다. 이는 바깥에 보이는 명성을 추구하기보다 실속이나 내실을 강조한 결과로 발렌베리 가문 사람들을 진정한 귀족으로 만들었다.

부자들은 소탈해 보이는 기술로 은밀한 부를 추구한다. 조용한 부, 눈에 띄지 않는 소비, 애써 과시하지 않는 소비가 그것이다. 이 세 가지를 지키는 부자들은 빛나지 않음으로써 빛난다. 부자들의 검소함은 일반 사람들을 기분 좋게 하고 졸부와는 거리를 둔다. 하루아침에 부자가 된 졸부는 자신의 지위가 달라졌다는 것을 어떻게든 드러내고 싶어 한다. 스포츠카, 명품 가방, 황금 시계로 부를 과시한다. 이런 행동은 안티부르주아적 반항심으로 일종의 자기연출이다.

캐나다 캘거리 대학의 커티스 이튼Curtis Eaton 교수 연구팀은 졸부들의 이러한 소비성향은 사치품을 소유하지 못한 대다수의 사람들에게 박탈감을 준다고 지적했다. 값비싼 보석이나 자동차, 고급 브랜드 의류 구입 행위는 일차적으로 그 소유자를 만족시키지만, 나머지 사회 구성원들에겐 상대적 박탈감을 유발해 더 가난해진 것처럼 느껴지게 만든다.

반면 진짜 부자는 웬만하면 자산을 공개적으로 드러내지 않는다. 화려함, 사치스러움을 거부하고 대신 세련미를 추구한다. 그들은 세련되고 심플한 레센스Ressence 시계, 혹은 우아한 노모스 탕겐테Nomos Tangente 시계와 같이 고급 취향을 드러낸다.[11] 아는 사람만 알아보는 시계다. 어떤 부호들은 이조차 사치라고 생각하고 외면을 치장하는 데 큰돈을 들이지 않는다. 청바지에 티셔츠 차림으로 다니기도 한다. 대신 내면에 돈을 들인다. 일류 가부키 배우들은 옷의 안감에 공을 들인다고 한다. 언뜻언뜻 보이는 곳에 공을

들이는 것이 그들의 멋이다.[12]

진정한 부자는 외면을 꾸미는 데 흥미가 없다. 마음에 여유가 있고 자존감이 높아서 외면을 꾸밀 필요가 없기 때문이다. 집 또한 외부를 호화롭게 꾸미기보다는 내부를 신경 쓰는 편이 빈집털이의 표적이 되지 않고 안전하게 살 수 있다. 이는 인간의 본질과 정확히 일치한다. 독서로 지식을 쌓고 구두, 벨트, 지갑 등 눈에 띄지 않는 부분에 돈을 쓴다. 하버드 졸업생이 "보스턴에서 학교를 다녔다"라고 말하는 것도 비슷한 맥락이다. 아는 사람만 알아보게 하는 것이다.

심리학에서는 부자들의 이러한 태도를 '카운터 시그널링Counter signaling'이라고 한다. 이 단어를 한 문장으로 표현하면 이렇다.

"애써 과시하지 않음으로써 과시한다."

○ 부자는 줄 서지 않는다

2015년 《뉴욕타임스》에 미국에 유행하고 있는 '폰 스택Phone Stack 게임'에 관한 기사가 이슈가 되었다. 이 게임의 룰은 간단하다. 고급 식당에 모여 식사를 할 때 참가자들의 스마트폰을 테이블 한가운데 쌓아놓고는 먼저 스마트폰에 손을 대는 사람이 밥값을 내는 것이다. 이 게임의 취지는 스마트폰에 주의를 빼앗기지 말고 대화와 식사에 집중하자는 것이다.

결과는 어떻게 되었을까? 사실 이 게임은 본래의 취지와 다른 파워 게임의 면모가 있다. 더 오래 스마트폰에 무심할수록 상대적으로 지위가 높거나 부자인 사람들이라는 것이다. 시간을 돈으로 환산하는 부자들은 스마트폰에 들이는 시간을 아까워한다. 부자들이 스마트폰으로부터 멀어지는 사이 지위가 낮거나 가난한 사람들의 스마트폰의 의존도는 더 높아졌다. 사회적 지위가 높은 부자와는 달리 빈자는 중요한 전화를 받지 않았을 때의 타격이 더욱 크기 때문이다.

부자들은 SNS를 활용하는 데 얼마나 많은 시간을 소비할까? 일주일에 2.5시간에 불과하다. 반면 평균적인 사람들은 그 시간의 거의 6배인 주당 14시간에 이른다.[13] 부자들은 정서·인지 자원을 포함해 자신의 자원을 어떻게 쓸지 잘 알고 있다. 일반 사람들이 SNS를 일방통행식으로 활용하는 반면 부자는 소통의 매개체인 쌍방향으로 활용하는 측면이 강하다. 메시지 기능을 메일 대신 활용하고 업무 관련 공지나 연락 사항을 여러 사람에게 알릴 때 사용한다. 상대의 입장에서 생각해보고 올릴 내용을 철저히 관리한다.

가끔 하던 기분 전환의 간격이 점점 짧아지고 기분 전환 활동이 늘어날수록 우리가 달성할 수 있는 의미 있는 일들은 줄어들 것이다. 기분 전환이 습관화되면 부자가 되는 길은 묘연해진다.

다시 스타벅스 얘기로 돌아가 보자. 어느 주말, 집 근처 쇼핑

몰을 방문했다가 스타벅스 매장 앞을 지나게 되었다. 그때 마주한 광경은 상상을 초월하는 것이었다. 매장 밖에는 셀 수 없을 정도로 많은 사람이 줄을 서서 기다렸다. 줄이 너무 길어서 그 끝이 어디인지 알 수 없을 정도였다. '친환경 굿즈 캠페인을 해서 그런가?'라고 생각했지만 손에 굿즈를 들고 나오는 사람은 아무도 없었다. 그저 주말이라서 사람이 많은 것이었다.

부자는 기다리는 시간을 가장 아까워한다. 빌 게이츠가 두 시간 줄 서서 스타벅스 굿즈를 공짜 득템한다거나 워런 버핏이 쉑쉑버거를 사먹기 위해 한 시간을 기다리는 건 상상도 할 수 없는 일이다. 부자들이 기다리는 시간에 투자하는 경우는 자신이 투자한 주식, 부동산 등 사업의 가치가 대중으로부터 인정받을 때까지의 기간 정도다.

부자들이 SNS 사용 시간을 통제하고, 시끌벅적한 공간을 확보하기 위해 줄을 서지 않는 이유는 산만해지지 않고 집중할수록 장기적으로 부를 더 쌓을 수 있기 때문이다. 산만하게 보내는 시간은 재정적 자립 또는 다른 목표를 달성하는 데 무엇보다 큰 장애가 된다.

원하는 것을 얻고 싶다면 원하는 것에 대한 생각의 끈을 놓지 말아야 한다. 이것이 부자들의 행동원칙이다. 헝가리 축구 영웅인 페렌츠 푸스카스Ferenc Puskás는 우승의 비결을 이렇게 말했다.

"나는 많은 시간 축구를 한다. 공을 찰 수 없을 때는 축구에 대해 이야기를 한다. 축구에 대한 이야기를 할 수 없을 때는 축구에 대한 생각을 한다."

85세에 숨을 거두기 직전까지 4,000회 이상 콘서트를 한 20세기 거장 빌헬름 바크하우스Wilhelm Backhaus에게 기자가 물었다.

"선생님, 연주하지 않을 때는 주로 뭘 하십니까?"

물끄러미 그 기자를 쳐다보던 그는 퉁명스럽게 대답했다.

"연주하지 않을 땐 연습을 하지!"[14]

부자는 하루 24시간 중 눈뜨고 있는 17시간 정도를 '부자의 관점'에서 생활한다. 하지만 빈자는 30분 정도 생각하고, 무의미하게 스마트폰만 만지작거리면서 자신의 차례가 오기만을 기다릴 뿐이다.

Point 🪶

부자의 소비는 은밀하다

부자들은 소탈해 보이는 기술로 은밀한 부를 추구한다.

조용한 부, 눈에 띄지 않는 소비, 애써 과시하지 않는 소비가 그것이다.

부자들은 빛나지 않음으로써 빛난다. 애써 과시하지 않음으로써 과시한다.

5.

졸부는 돈을 벌지만
갑부는 사람을 번다

 ○ 고흐와 피카소, 두 천재의 너무도 다른 죽음

고흐와 피카소 중 누구를 좋아하는가? 선택했다
면 이제 질문을 바꿔보겠다. 고흐와 피카소 중 누구의 삶을 선택
하고 싶은가? 전자의 질문에 고흐를 선택한 사람들도 후자의 질
문에는 압도적으로 피카소를 선택하기 마련이다.

다음 그림을 보자. 왼쪽 그림은 고흐가 그린 〈가셰 박사의 초상〉
이고, 오른쪽은 피카소가 그린 〈파이프를 든 소년〉이다. 누구의 그
림이 더 비싸게 팔렸을까?

〈가셰 박사의 초상〉은 고흐가 죽은 지 100년 되던 해인 1990년
에 일본의 다이쇼와 제지 명예회장인 사이토 료에이斎藤了英가 8,250
만 달러에 경매로 구입했다. 피카소가 24세에 그린 〈파이프를
든 소년〉은 2004년 5월 5일 뉴욕 소더비 경매에서 1억 416만

가세 박사의 초상, 빈센트 반 고흐, 1890,
캔버스에 유화, 67×56cm, 개인소장.

파이프를 든 소년, 파블로 피카소, 1905,
캔버스에 유채, 100×81cm, 개인소장.
© 2022 - Succession Pablo Picasso -
SACK(Korea)

8,000달러에 팔렸다. 2004년은 피카소 사후 31년이 되는 해다. 보통 미술작품의 판매가격은 작가가 죽고 오랜 시간이 지날수록 오르게 되어 있다. 그런데 고흐가 사망하고 100년이 지난 후 판매된 금액보다 피카소가 사망한 후 31년 밖에 지나진 않은 그림이 어떻게 더 비싸게 거래될 수 있었을까?

아이러니하게도 고흐와 피카소의 인생은 너무나 달랐다. 고흐는 지독하게 가난하고 고독한 삶을 살았다. 밑바닥의 인생을 살면서 평생 아무에게도 인정받지 못했고 극도로 폐쇄적이었다. 쉽게 인맥을 맺지 못하며 철저하게 자신만의 세상에서 살았다.

1890년 7월 27일 그는 삶과 작품에 대한 고통을 이겨내지 못하고 들판으로 걸어 나가 자신의 가슴에 총을 쏘았다. 곧바로 죽지는 않았지만 총상은 치명적이었고 비틀거리며 집으로 돌아간 후 심하게 앓다가 이틀 후 서른일곱 살의 빈자로 사망했다.

반면 피카소는 어릴 때부터 천재성을 인정받았다. 그는 20대에 이미 세계적인 명성을 얻었고, 젊어서부터 영향력 있는 미술계의 인물들과 어울리며 각계각층의 사람들과 유대관계를 형성했다.

아버지가 스페인 귀족 혈통의 이름 있는 화가여서 피카소의 집안은 학계와 예술계에 폭넓은 인맥을 유지하고 있었다. 20세기 프랑스 시인인 막스 자코브Max Jacob, 기욤 아폴리네르Guillaume Apollinaire, 앙드레 살몽André Salmon, 폴 에뤼아르Paul Éluard, 장 콕토Jean Cocteau, 앙드레 브르통André Breton, 초현실주의 화가 겸 비평가인 루이 아라공Louis Aragon, 작가 앙드레 말로André Malraux, 음악가인 에릭사티Alfred Erik Leslie Satie, 이고르 스트라빈스키Igor Stravinsky, 하이메 사바르테스Jaume Sabartés, 화가이자 경쟁자인 앙리 마티스Henri Matisse를 비롯해 후안 그리스Juan Gris, 아메데오 모딜리아니Amedeo Modigliani, 앙드레 드랭André Derain, 앙리 루소Henri Rousseau, 페르낭 레제Fernand Léger, 카임 수틴Chaim Soutine 등의 화가와 미술 비평가 레오 스타인Leo Stein, 거트루드 스타인Gertrude Stein, 앙브루아즈 볼라르Ambroise Vollard, 다니엘 헨리 칸바일러Daniel-Henry Kahnweiler, 빌헬름 우데Wilhelm Uhde 등 그의 인맥은 한 권의 책으로 정리해도 부족할 정도다.

1917년 7월 피카소와 결혼한 러시아 발레리나 올가 코클로바 Olga Khokhlova는 러시아 상류층을 통해 피카소가 돈을 벌 수 있는 계기를 마련해주었다. 피카소는 매우 사교적이었고 관계 지향적이었기에 세상이 그의 손바닥 위에 있을 정도였다. 그는 삶 속에서 다양한 사람들과 인맥을 형성해가며 92세에 억만장자로 사망했다.

○ 부호 리프킨의 '기브 앤드 기브' 원칙

고흐와 피카소의 사례에서 보듯 부의 크기는 인맥의 크기와 비례한다. 빌 게이츠, 〈태양의 서커스〉 CEO인 기 랄리베르테Guy Laliberté, 현대미술의 악동 데미언 허스트Damien Hirst가 특별해질 수 있었던 이유는 엄청난 부와 자원을 가진 다소 이질적인 세계로 자신의 인적 네트워크를 확장해나갔기 때문이다.

윌리엄 셰익스피어의 희극인 《베니스의 상인The Merchant of Venice》에 등장하는 국제무역상 안토니오가 성공한 비결 역시 평소 자신의 부로 꾸준히 인맥을 관리했기 때문이다. 특히 경영자의 인맥은 기업의 크기를 결정한다. 스타트업 노나우KnowNow, 렌쿠Renkoo, 판다웨일PandaWhale의 공동 창업자로, 노나우에서 5,000만 달러 이상의 벤처 투자금을 유치하며 10년 동안 크게 성공한 애덤 리프킨Adam Rifkin이 대표적이다. 《포춘》이 선정한 최고의 인맥을 쌓은 사람으로 선정되기도 한 리프킨은 전 세계의 유력인사 640인과 가장 많이 연관된 인물이다. 세계 최대의 글로벌 비즈니스 인맥사이트 링크드인의 CEO였던 제프 와이너Jeff Weiner, 27세에 세계 500대 PC 기업을 일군 억만장자 마이클 델Michael Saul Dell 같은 유명 사업가도 상대가 되지 못했다.

《설득의 심리학Influence》의 저자로 잘 알려진 로버트 치알디니Robert Cialdini는 설득력을 높이기 위해서 호혜성Reciprocity, 즉 공평하게 주고받는 기브 앤드 테이크give and take를 강조한다. 누구나 자기가 받고 싶은 것을 먼저 줌으로써 상호간의 기대 및 신뢰가 형성될 수 있다. 하지만 혜택이든 손해든 받은 만큼 돌려준다는 의미도 함축되어 있어 일종의 거래처럼 느껴져 뒷맛이 쓰다. '지금 도와주는 것이 진정 나를 위한 것인가, 아니면 그 대가로 나중에 뭔가 이익을 취하기 위해서 이러는 것인가?'라는 반대급부적 의심을 낳는다.

리프킨의 인맥 쌓기 방식은 여기서 더 나아가 주고 또 주는give and give 전략을 추구한다. 즉 리프킨의 인맥 쌓기의 핵심은 자기가 받는 것보다 훨씬 더 많이 베푼다는 점이다. 출세할 기회를 잡으려 하거나 계산적으로 행동하는 일이 결코 없다. 사업가 레이먼드 루프Raymond Rouf는 리프킨에 대해 이렇게 말했다.[15]

"리프킨이 다른 사람을 얼마나 많이 돕는가를 상상을 초월합니다. 그는 받는 것보다 훨씬 더 많이 베풀지요. 특히 그는 자신이 남에게 도움이 되기를 늘 기도합니다."

리프킨과 같은 부자는 인맥을 형성할 때 다음의 원칙을 스스로 세우고 실천한다.

'준다' 그 자체로 만족한다.
이익과 손해를 따지지 않는다.
"고맙다"는 말을 기대하지 않는다.
자신의 행동에 가격을 매기지 않는다.

기브 앤드 기브 전략은 진짜 위기에 빛을 발한다. 2019년 일본 정부가 불화수소 등 반도체 핵심 소재 수출을 규제할 당시 이재용 삼성전자 부회장은 평소 일본 재계와 탄탄한 인맥을 형성한 덕분에 긴급 물량을 확보하는 데 성공함으로써 반도체 생산 차질을 막았다.

또한 이 부회장의 인맥은 코로나19 백신을 국내 도입하는 과정에서 특히 빛났다. 이 부회장과 가까운 산타누 나라옌Shantanu Narayen 어도비 회장을 통해 화이자 최고경영진과 협상 창구를 열었다. 이를 통해 화이자 백신을 조기 도입하는 데 역할을 했다. 미래 먹거리 발굴에서도 인맥은 매우 중요한 역할을 한다.

이 부회장은 2020년 9월 미국 버라이즌과 7조 9,000억 원 규모의 초대형 5세대 장비 납품 계약을 체결할 당시에도 10여 년간 인맥을 이어오던 한스 베스트베리Hans Vestberg 버라이즌 CEO에게 삼성의 장점을 어필함으로써 계약을 따내는 데 결정적 역할을 했다.

인맥과 돈의 역학관계를 이야기할 때 빼놓을 수 없는 것이 바로 메디치 가문인데, 이들은 보다 전략적으로 인맥을 형성한다. 메디치 가문은 수많은 가문과의 치열한 경쟁 속에서도 피렌체에서 주도적인 역할을 하며 국가와 부를 지배할 수 있었다. 메디치 가문의 성공 요인은 여타 200여 개의 가문들과 밀접한 인적 네트워크를 구축했다는 것이다. 전통적 귀족 가문인 쥐치아르디이와 토르나뷰오니, 신흥가문인 지노리, 오르랜디니와 코코도나티, 적당한 부를 소유한 델안뗄라, 디티살티, 발로리, 다반자티 등 경제적 부와 정치적 영향력, 사회적 지위를 가진 가문들과 밀접한 관계를 형성했다. 자신들의 정적인 전통적 귀족가문과 혼인을 하거나 경제적 이익 측면에서 득이 되는 신흥계급과 사업관계의 호환성을 유지했다.

메디치 가문의 독특한 운영방식은 결혼과 사업을 철저히 분리했다는 점이다. 결혼한 가문과는 사업을 하지 않았으며 사업관계가 있는 집안과는 결혼 인맥을 유지하지 않았다.[16] 오늘날 국내 재벌이 보여주는 문제점을 예견이라도 한 듯 메디치 가문은 효율적인 통제를 위해 분할하는 방식을 고수했다. 이러한 운영방식은 미래의 변화에 유연하게 대처하고 불확실성을 제어하는 '헤지전략Hedge Strategy'이기도 하다.

부만 있고 인맥이 없는 경우는 거의 없다. 반대로 인맥만 있고 부가 없는 경우도 흔치 않다. 우리가 흔히 '졸부'라고 부르는 이들은 인맥이 뒷받침되지 않는 사람을 일컫는다. 그들은 출세의 기회를 잡기 위해서 거래 관계로 상대를 돕는 척하거나, 베푼 만큼 혹은 더 많이 돌려받기를 기대하기 때문에 장기적인 인맥 형성에 분명한 한계를 드러낸다.

여기까지 설명하면 사람들이 항상 나에게 묻는다.

"그럼 졸부 같은 사람들을 어떻게 선별할 수 있나요?"

졸부는 자신을 드러내기를 좋아한다. 따라서 페이스북, 인스타그램 등 SNS만 보고도 그들의 특성을 어렵지 않게 가려낼 수 있다. 졸부들이 올리는 정보는 자화자찬에 자기중심적이고 자만심을 강하게 드러낸다. 허영심에 가득 찬 그들은 사진도 자신을 더욱 돋보이게 하는 것으로 골라서 올린다. 그들이 인용한 문구에서는 허세와 거만함이 가득하다. 댓글을 자세히 보면 그가 평소에 어떻게 소통하는지, 사람들을 어떤 관점으로 판단하는지 알 수 있다. 또한 졸부는 얕은 친구가 유난히 많다. 피상적인 관계를 구축해 자신의 성취를 과시하고 관심 속에 머물려 애쓰기 때문이다.

졸부와 달리 갑부는 신중하게 인맥을 형성한다. 보통 부자들의 습관 중 하나는 사람을 처음 대했을 때 명함 교환을 잘 안 한다는 점이다. 새로운 사람을 만나 새롭게 관계를 형성한다는 사실이 얼마나 지난한가를 잘 아는 사람들이다. 따라서 부자들은 비즈

니스의 관계에 있는 사람들조차 3년 이상 거래를 해본 후에야 신
뢰할 수 있는 사람이라고 판단한다. 그러고 난 후 주고 주는 기브
앤드 기브 전략으로 인간적 관계를 확장해나간다.

○ 인맥은 권력이다

인류 역사상 다른 분야에서 노벨상 두 개 부분을 수상한 최초
의 사람이 있다. 바로 라이너스 폴링Linus Pauling이다. 그는 1954년
에 노벨화학상을, 1962년에 노벨평화상을 수상했다. 그는 "새로
운 아이디어를 얻기 위한 가장 좋은 방법은 많은 아이디어를 갖
고 있는 사람과 소통하는 것"이라고 강조했다. 이는 우리가 업무
에 대해 갖고 있는 지식 중 70퍼센트는 비공식적인 인맥을 통해
얻어진다는 MIT 공대의 연구결과와 맥락을 같이한다.

인맥이 가져다주는 장점은 무엇일까?

첫째, 질 높은 정보를 얻을 수 있다. 정보가 범람하는 인터넷 시
대에는 일반 대중에게 공개되지 않은 '쓸 만한 정보'의 가치가 점
점 더 커진다. 이런 정보는 주로 개인의 인맥을 통해서 얻을 수
있다.

만약 워런 버핏이 CEO로 있는 투자 전문 회사 버크셔 해서웨
이BERKSHIRE HATHAWAY INC의 임직원과 인맥이 닿을 수 있다면 어떨
까? 이들은 우수한 분석 방법과 방대한 시간과 노력을 들여 일반

인은 알 수 없는 정보를 갖고 있다. 이런 사람이 추천한 종목에 투자한다면 당신이 고른 종목보다 더 많은 이익이 날 확률이 높을 것이다.

둘째, 인맥을 넓히다 보면 다양한 재능을 가진 사람들을 접할 수 있다. 이런 사람들과 자주 어울리다 보면 창조적 능력이 한껏 올라간다. 한 번 받기도 힘든 노벨상을 서로 다른 분야에서 두 번이나 수상한 라이너스 폴링 박사가 '창조적 성공'을 거둔 원인으로 탁월한 두뇌가 아니라 인맥을 꼽은 것도 바로 이런 맥락에서다. 그의 조언에 따르면 "좋은 아이디어를 얻는 최상의 방법은 다양한 인맥을 통해 아이디어를 많이 흡수하는 것"이다.

셋째, 인맥은 일종의 권력이다. 21세기엔 조직이 점차 수평화되면서 인맥의 중심이 되는 '정보 중개인Information Broker'이 큰 영향력을 행사할 수 있다.

중국과 대만에서 부유층의 상징으로 여겨지며 최고급 보석으로 팔리는 장식품이 있다. 바로 산호다. 산호를 취급하는 가게 주인에 따르면 일반 사람들은 300만 원짜리 산호 반지와 3,000만 원짜리 산호 반지를 구분하지 못한다. 그러나 최고급 산호를 접한 전문가는 한눈에 알아본다. 나 혼자의 능력은 한계가 있다. 부를 축적하고 자신의 능력을 인정받기 위해서는 기본적으로 소통해야 한다.

노벨상을 받는 사람들을 한번 검색해보라. 과거에 노벨상은 대부분 한 명이 받았다. 그러나 최근 노벨 물리학상, 노벨화학상 수상자들을 보면 3~4명씩 공동 수상한다. 혼자만으로는 부의 축적도, 세계적인 연구 성과도 올릴 수 없다.

Point 🖋

부자의 부는 인맥과 비례한다

부자는 좋은 아이디어와 정보를 가진 사람들과 접하면서

인적 네트워크를 확장해나간다.

작은 부자는 돈을 벌지만, 큰 부자는 사람을 번다.

변화에서 가장 힘든 부분은
새로운 것을 생각해내는 일이 아니라
이전에 갖고 있던 틀에서 벗어나는 일이다.

- 존 메이너드 케인스 *John Maynard Keynes*

2장

부자의 심리를 알아야 부자로 남는다

부자의 서재에서 심리학 책 꺼내 보기

• 라파엘 배지아그, 《억만장자 시크릿》
억만장자들은 부정적인 생각에 시간을 허비하지 않는다.
이들은 힘든 시간이 영원히 계속되는 법은 없다고 믿는다.

• 마이클 모부신, 《마이클 모부신 운과 실력의 성공 방정식》
운이 중요한 분야에서는 결과에 연연하지 말고 과정에
집중해야 한다.

• 피터 F. 드러커, 《피터 드러커 자기경영노트》
목표를 달성하는 경영자는 어떤 회의라도 생산적인 회의가
될 수도 있고, 시간 낭비에 불과한 회의가 될 수도 있다는
사실을 안다.

• 이노우에 히로유키, 《배움을 돈으로 바꾸는 기술》
무슨 공부부터 시작할지 모르겠다면, 우선 지금 종사하는
분야와 관련된 공부부터 하기를 권한다. 그러나 최종점은
인간을 이해하기 위한 공부를 해야 한다.

• 데일 카네기, 《데일 카네기 인간관계론》
사람이 가지고 있는 최고의 능력을 끌어내는 방법은 인정과
격려다.

• 레온 페스팅거, 《인지부조화 이론》
인간은 자신의 의지나 신념으로 행동하는 동물이 아니다.
인간은 상황에 따라 행동하며, 경우에 따라서는 자의, 신념
모두 상황에 따라 바꾸는 동물이다.

• B. F. 스키너, 《스키너의 행동심리학》
인간은 선택, 의도, 독창성을 행동에서 추론해낸다.

1.

부자는 불황일수록
"해볼까?"라고 한다

 **○ 3평짜리 회사로 출발해 세계 최고가 된
인포시스의 비결**

전 세계에 1조 원이 넘는 자산을 가진 부자는
2,200명뿐이다. 전체 인구의 0.0002퍼센트다. 2,200명의 1조 원
대 부자 중 절반이 넘는 67퍼센트는 남의 도움이나 부모에게 물
려받은 재산 없이 자신의 힘으로 부를 일궜다. 마이크로소프트의
창업자 빌 게이츠, 플랫폼 비즈니스 에어비앤비의 공동 창업자
브라이언 체스키Brian Chesky, 금융 투자가 워런 버핏, 이 셋은 자수성
가형 부자가 부를 축적하는 방법의 유형을 보여주는 대표적인 인
물이다.[17]

빈자와 달리 억만장자에게는 뚜렷한 차이가 하나 있다. 환경에
상관없이 성공했다는 점이다. 자수성가형 억만장자는 자신들의

조건이나 환경에 연연하지 않았다. 이것이 빈자와 억만장자를 가르는 가장 분명한 차이점이다.

그 대표적인 인물이 인도 2위의 IT 기업 인포시스Infosys의 성공 신화를 창조한 나라야나 무르티Narayana Murthy다. 그는 1946년 인도 남부 카르나타카주 마이소르에서 가난한 교사의 아들로 태어났다. 궁핍한 살림에 원하는 책과 신문을 사서 읽을 수가 없었다. 책과 신문은 공공도서관에서 읽었고 돈 낭비를 줄이기 위해 음악 감상이나 대화를 취미로 선택해야 했다.

1980년대 사회주의 정부인 인도는 기업의 시장 진입을 막고 여러 가지 제약과 규제를 내세워 기업이 일을 제대로 할 수 없게 만들었다. 코카콜라가 인도에서 철수한 것도 이 때문이었다. 이는 정부의 관료주의와 부정부패를 낳았고 규제의 천국이 되면서 인도 경제는 심하게 억압되었다.

1981년 34세의 무르티는 마침내 3평짜리 공간에서 인포시스라는 소프트웨어 회사를 설립한다. 창업자금은 공동 창업자 일곱 명이 십시일반으로 모은 250달러가 전부였다. 자동차는커녕 전화조차 놓지 못했다. 경제적 어려움 외에, 인도 정부의 극심한 관료주의 역시 사업을 힘들게 만들었다. 인포시스는 컴퓨터 소프트웨어를 다루는 회사였지만 컴퓨터가 한 대도 없었다. 외국에서 인도로 컴퓨터를 수입하려면 정부의 허가가 필요했기 때문이다. 무르티는 허가를 받기 위해 3년간 인포시스가 위치한 벵갈루루에서 2,400킬로미터 이상 떨어진 델리에 50번이나 방문했다. 비행기를 탈 만한 금전적 여유가 없어 갈 때마다 이틀씩 기차로 이동해야 했다. 이렇게 소비한 시간만 총 4,800시간에 달한다.

3년 만에 수입허가를 받았지만 또 다른 문제가 남아 있었다. 그들이 판매하는 소프트웨어를 설계하려면 수십만 달러에 달하는 미니컴퓨터가 필요했다. 통신 또한 문제였다. 인도에서는 일반 회사가 전화선을 받으려면 5~7년이 걸렸다. 고군분투 끝에 전화선을 설치했지만 하도 시설이 낙후되어 평소에는 거의 신호가 잡히지 않았다. 어쩌다 신호가 잡혀도 대개 통화 중이었다.

컴퓨터와 소프트웨어 문제가 해결되어도 장애물은 또 있었다. 프로그램화된 코드를 미국의 고객에게 전달해야 하는데 그때는 지금과 같이 이메일로 코드를 보낼 수 있는 시대가 아니었다. 참고로 이메일은 1970년대 초반에 발명되었지만 1990년대에 통용되기 시작했다. 유일한 방법은 자기 테이프에 저장해서 우편으로 보내는 방법밖에 없었다. 문제는 인도 세관원이 통관 수속 절차를 진행하는 데에만 약 2주가 걸렸다는 것이다. 통관이 끝나 미국까지 전달하는 시간과 고객의 피드백을 받아 프로그램을 변경하는 시간까지 합치면 무려 3~4주를 더 기다려야 한다. 생산성을 높이기 위해서는 선적시간을 대폭 줄여야만 했다. 인포시스 개발팀은 코드를 종이에 출력해서 미국으로 팩스를 보냈다. 그러면 미국의 다른 인포시스 직원이 팩스를 받아 그 내용을 고객의 컴퓨터에 직접 입력했다. 이러한 과정은 추가 작업과 오류를 발생시키기도 했지만 소프트웨어 출하 속도를 높일 수 있었다. 무르티는 자신에게 주어진 고난을 '왜'라고 묻기보다는 '어떻게' 극복할 것인지에 집중했다. 불평과 고난은 사치였고 그의 머릿속에 아예 존재하지 않았다.

현재 무르티는 억만장자이고 인포시스는 프로그래머 20만 명을 고용하고 있는 세계 최대 규모의 소프트웨어 회사다. 이는 애플, 구글, 마이크로소프트의 프로그래머를 전부 합친 것보다 많은 수치다. 인포시스는 1999년 인도 기업 최초로 미국 나스닥에 상장했으며, 2020년 12월 31일 기준 시가총액은 712억 달러다.

인포시스는 주주를 중시하는 경영을 하며 직원을 가족처럼 여기고 궁극적으로 직원들을 백만장자로 만들기 위해 노력했다. 이를 위해 인도 기업 중 최초로 직원들에게 스톡옵션을 제공했다. 또한 직원의 행복을 최우선으로 삼고 여건이 허락하는 한 직원들을 위해 최대한 투자했다. 자유로운 근무 환경, 여가활동 최대 지원, 완벽한 복지시설 등은 인포시스가 성공한 경영 비결 중 하나다. 무르티 회장은 직원들이 행복해야 생산성이 높아질 수 있다고 확고히 믿는다. 현재 직원 중 백만장자한화 약 11억 9,200만 원는 3,000명을 웃돈다. '직원들을 백만장자로 만든다'라는 창업 목표를 실현한 것이다.

무르티는 2006년 8월 인포시스 회장 자리에서 물러났다. 일반적으로 인도 재벌 그룹의 경영자들은 정년이 없다. 가족이나 친족이 소유, 경영하는 패밀리 비즈니스이기 때문이다. 그러나 무르티 회장은 스스로 정년을 60세로 정한 뒤 이를 준수해 물러난 것이다. 그러다 2013년 풍랑을 만나 휘청이는 인포시스호에 다시 한 번 승선한 무르티는 비용 절감에 힘써 22퍼센트까지 떨어졌던 영업이익률을 26퍼센트로 올려놓았다. 회사가 안정을 되찾자 무르티는 2014년 6월 다시 명예회장으로 물러났다.

○ 초일류 기업들은 불황을 기회로 삼는다

《억만장자 시크릿The Billion Dollar Secret》의 저자인 라파엘 배지아그 Rafael Badziag 는 "내가 만난 자수성가형 억만장자 대다수가 부유한 집안 출신이 아니었고 가정환경이 이상적이지도 않았다. 하지만 그들은 안팎의 날씨가 어떻든 간에 자신들의 꿈을 실현시키고자 주어진 불황과 어려움을 묵묵히 극복해냈다"라고 설명했다.

2021년 제프 베이조스와 빌 게이츠를 꺾고 세계 최고의 부자 1위1,950억 달러 를 차지한 일론 머스크도 예외는 아니다. 2002년 일론 머스크는 그가 설립한 벤처 회사 Zip2와 페이팔을 매각한 후 인생에서 가장 어두운 시간을 보내고 있었다. 그의 회사들은 여러 가지 문제로 신음하고 있었다. 우주탐사 기업 스페이스X는 첫 3번의 발사에 모두 실패했고, 테슬라는 제조, 공급, 디자인의 삼

중고를 겪고 있었다.

마침내 경제적 위기가 찾아왔다. 머스크는 냉혹한 선택의 갈림길에 섰다. 그는 '돈을 아끼고 회사를 망하게 하느냐, 남은 돈을 투자해서 또 한번 기회를 얻느냐' 사이에서 갈등해야 했다. 억만장자들이 위기를 극복의 대상으로 보듯 머스크 역시 남은 돈을 모두 회사에 쏟아 넣었다. 머스크는 생활비를 벌기 위해 친구들에게 돈을 빌리는 지경까지 갔다. 파산 위기는 그를 두렵게 했을까? 그렇지 않았다. 그는 "아이들이 (사립 학교가 아닌) 공립 학교에 가는 일밖에 더 있겠어요? 큰일이 아니에요. 저도 공립 학교 다녔어요."

'사막의 아들'로 알려진 모헤드 알트라드Mohed Altrad를 아는가? 프랑스의 건설자재회사 알트라드 그룹의 소유주인 모헤드 알트라드는 시리아의 사막을 떠돌던 베두인 출신으로 혼자 프랑스로 건너와 맨손으로 27억 달러의 부를 쌓았다. 알트라드의 어머니는 어릴 때 세상을 떠났고 할머니는 공부하는 것을 반대했다. 프랑스에 건너와선 하루 한 끼 먹을 돈도 없고 프랑스어도 서툴렀지만 파리7대학에서 컴퓨터 공학 박사 학위를 받았고 컴퓨터회사를 창업해 매각한 돈으로 건설자재회사를 사들여 알트라드 그룹을 세웠다.

꾸준히 회사 규모를 늘려온 그는 1990년대 초 위기에 봉착했다. 경기침체로 6개월 새 수입이 75퍼센트로 줄었다. 알트라드는 은행에 대출 신청을 했지만 거부당했다. '시리아 출신에게 돈을 빌려줄 수 없다'는 이유에서다. 대규모 투자를 할 수 없었던 알트라드는 작은 경쟁사들을 조금씩 인수하면서 차츰 회사를 키워갔다. 2003년 거대경쟁사인 독일의 플레탁Plettac을 인수하면서 유럽에서 비계飛階 설치 회사 1위로 자리 잡았다. 알트라드 그룹은 현재 전 세계에 92개 자회사와 100개 이상 사업장을 두고 있다.

인포시스, 테슬라, 알트라드를 비롯한 IBM, 월트디즈니, 이케아는 서로 다른 분야지만 모두 불황일 때 일어선 기업들이다. 이 기업의 주역인 억만장자들은 스스로 생각하는 것보다 훨씬 더 많은 일을 할 수 있다고 믿는다. 나라야나 무르티의 좌우명은 '무엇이든 가능하다'다. 불황과 역경으로 도저히 성공할 수 없어 보이는 척박한 환경 속에서 성공하는 것은 빈자들의 생각을 부정하는 것이다. 그리고 그들은 주어진 불황과 역경을 다음과 같은 개인주의 관점으로 해석한다.

"세계적인 불황과 나의 불황은 달라. 불황이 문제가 아니라 불황을 바라보는 나의 마음이 더 중요해."

반면 일시적인 부를 쟁취한 졸부는 '난 아주 좋은 아이디어로 성공해서 현재 만족해. 이만하면 됐어'라고 생각하며 자신의 한계를 쉽게 인정한다. 빈자는 불황이 닥쳤을 때 문제의 원인을 개인주의적 관점보다는 구조적 관점으로 해석한다. 구조적 관점의 옹호론자는 자신의 믿음이나 입장에 대한 확고함이 부족하다. 그러다 보니 불황이나 경제적 어려움을 겪는 이유를 사회제도 탓, 코로나19 탓, 정부 탓으로 돌리고 자신의 실패를 옹호하는 데 힘쓴다. 목적 없이 이리저리 전전하는 빈자들은 조건이 완벽하게 갖춰져야만 성공할 수 있다고 믿지만 어떤 조건에서든 항상 그들을 가로막는 무언가가 나타난다. 이러한 악순환은 또 다른 빈자를 잉태할 뿐이다.

개인주의적 관점(부자의 관점)	구조적 관점(빈자의 관점)
지금의 어려움은 자신의 결함 때문에 빚어진 개인적인 문제다.	지금의 어려움은 사회의 결함 때문에 빚어진 사회 문제다.
빈곤은 개인이 게으르고 미숙하기 때문에 일어나는 현상이다.	빈곤은 형편없는, 저임금의, 가망 없는 일자리 때문에 일어나는 현상이다.
성공에는 환경적 제약보다 개인적 선택이 더 중요하다.	성공에는 개인적 선택보다 환경적 제약이 더 중요하다.
사회에서 귀중한 자원의 배분은 개인적 노력과 능력 차이가 반영된 결과다.	사회에서 귀중한 자원의 배분은 사회적 갈등과 권력 차이가 반영된 결과다.

○ 월마트는 왜 코로나 시국에 홀로 급성장했을까?

코로나19의 세계적 대유행 여파로 글로벌 경제가 마이너스 성장 위기에 놓였다. 주요 20개국G20의 2020년 국내총생산GDP 기준 성장률이 G20 출범 이후 최저치로 추락했다. OECD는 세계경제전망 보고서에서 "세계경제는 코로나19라는 전례 없는 위기로 인해 1930년대 대공황 이후 가장 심각한 침체를 경험하고 있다"라면서 각국의 성장률 전망치를 줄줄이 낮춘 바 있다. 그렇다면 억만장자들의 자산에는 어떤 변화가 생겼을까?

2020년 세계 부자 순위	2021년 세계 부자 순위
1위 제프 베이조스, 아마존, 1130억 달러	**1위** 일론 머스크, 테슬라, 1,950억 달러
2위 빌 게이츠, MS창업자, 980억 달러	**2위** 제프 베이조스, 아마존, 1,850억 달러
3위 베르나르 아르노, LVMH, 760억 달러	**3위** 빌 게이츠, MS창업자, 1,340억 달러
4위 워런 버핏, 버크셔해서웨이 회장, 675억 달러	**4위** 베르나르 아르노, LVMH, 1,160억 달러
5위 래리 엘리슨, 오라클, 635억 달러	**5위** 마크 저커버그, 페이스북, 1,020억 달러
6위 아만시오 오르테가, 인디텍스그룹, 551억 달러	**6위** 중산산, 농푸산취안, 931억 달러
7위 마크 저커버그, 페이스북, 547억 달러	**7위** 워런 버핏, 버크셔 해서웨이, 882억 달러
8위 짐 월턴, 월마트, 546억 달러	**8위** 래리 페이지, 구글, 836억 달러
9위 앨리스 월턴, 월마트, 544억 달러	**9위** 세르게이 브린, 구글, 810억 달러
10위 롭슨 월턴, 월마트, 541억 달러	**10위** 래리 엘리슨, 오라클, 800억 달러
자료: 《포브스》	자료: 《블룸버그》

위 자료에서 보듯 억만장자의 자산은 순위만 달라졌을 뿐 코로나19 팬데믹 속에서도 오히려 늘어났다. 200년간 세계 통계 분석을 통해 《21세기 자본Capital in the Twenty-First Century》을 출간하여 세계적 화제를 몰았던 프랑스 경제학자 토마 피케티Thomas Piketty는 "최상위 부유층이 벌어들이는 속도는 세계경제의 성장률보다 3배나 빠르다"라고 주장했다.

물론 코로나19와 같은 불황기의 경제 정책들이 부자들에게 유리하게 작용되는 점은 무시할 수 없다. 코로나19에 대응하기 위해 우리나라를 비롯한 각국 정부는 다양한 경기부양책을 쏟아내면서 통화량 증가와 인플레이션을 불러왔다. 이러한 인플레이션의 발생은 부동산과 같은 실물자산을 가진 사람에게 유리하게 작용한다. 화폐가치가 하락하면 부동산과 같은 자산은 가격이 상승하는 효과가 있기 때문이다.

2020년 세계 부자 순위를 보면 월마트의 창업자 월턴 가문 출신인 짐 월턴, 앨리스 월턴, 롭 월턴이 8위부터 10위에 나란히 이름을 올렸다. 세 사람의 재산은 2020년 들어 71억 9,000만 달러 8조 7,862억 원나 증가했다. 코로나19로 전국적인 봉쇄령이 내려지고 아마존 중심의 온라인 매출 비중이 늘어나는 상황에서 오프라인 유통업체를 대표하는 월마트의 매출이 늘어났다는 것은 단순히 경기부양책만으로는 설명이 부족하다. 당시 코로나19로 인해 니만마커스Neiman Marcus, JC페니J. C. Penney, 센추리21Century21 등 미국의 대형 오프라인 유통회사들이 줄줄이 파산하는데도 유독 선전했기 때문이다.

월마트는 "왜?"라고 묻지 않았다. "해볼까?"라고 물으며 게임의 규칙을 스스로 정했다. 혹독한 체질 개선을 통해 사업성이 떨어지는 해외 매장을 과감하게 정리하고 기존 매장은 온라인과 결합해 '옴니버스 채널'로 만들었다. 거대한 매장 일부를 온라인 주문 상품을 처리하는 작업장으로 전환하거나 주차장 픽업, 드라이브

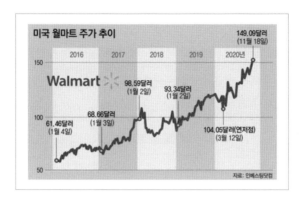

스루 픽업 등을 할 수 있게 구조를 바꿨다. 매장 주차장은 '드라이브인 극장'으로 바꿔 매장을 찾는 고객을 배려했다.[18]

미국 전역에 구축해놓은 4,700여 개 매장을 활용해 배송시간을 줄이는 등 아마존과의 배송 경쟁에서 결코 뒤지지 않았다. 2020년 9월 출시한 회원제 무료 당일배송 서비스 '월마트 플러스' 서비스는 아마존의 유료 구독 서비스인 '프라임Prime'과 비슷하지만 연회비는 98달러로 아마존보다 119달러 저렴하다.

이러한 변화를 통해 월마트의 2020년 3분기 매장 내 판매율은 전년 동기 대비 6.4퍼센트 증가했고, 온라인 배송을 강화한 점포는 79퍼센트 이상 높은 성장률을 보였다. 월마트는 불황이 기업의 체질 개선과 변화를 위한 기회로 작용하며 더 많은 부를 창출했다.

억만장자들이 포르셰를 좋아하는 이유가 있다. 비교하자면, 포드는 시속 60~80킬로미터에서는 안정적이지만 시속 250킬로미터로는 달릴 수 없다. 하지만 포르셰는 그보다 더 빨리 달릴 수 있다. 왜 그런가? 애초에 시속에 한계가 없도록 설계했기 때문이다. 억만장자들이 포르셰를 선호하는 이유는 비싸서만은 아니다. 억만장자들은 허기를 느끼는 한 점점 더 높은 단계까지 올라가기 때문이다. 불황을 기회로 삼고 월계관에 안주하지 않는다. 억만장자들이 포르셰를 좋아하는 근본적인 이유는 세계적인 자동차부품 제조업체 리나마Linamar의 설립자이자 억만장자 사업가인 프랑크 하센프라츠Frank Hasenfratz의 조언과 밀접하다.

"언덕 꼭대기에 오르고 싶다면 그곳에 도착하기 전에 더 높은 언덕이 있는지 알아봐라. 언덕 꼭대기에 오르면 내려오는 것밖에 남은 게 없다."

Point

부자는 불황에도 안주하지 않는다

자수성가형 억만장자는 자신의 조건이나 환경에 연연하지 않고 성공했다.

불황이 와도 "왜?"라고 묻지 않고 "해볼까?"라고 물으며

게임의 규칙을 스스로 정한다.

이것이 빈자와 억만장자를 가르는 가장 분명한 차이점이다.

2.

왜 부자들은 하나같이
"운이 좋았다"라고 할까?

 ○ 빌 게이츠는 아침마다 자신에게
　　이렇게 말한다

사람들이 정말 많이 하는 착각이 있다. 바로 열심히 노력하면 원하는 인생을 살 수 있다고 믿는 것이다. 물론 어느 정도는 맞다. 하지만 인생은 덧셈이 아니어서 300을 투자한다고 해서 300의 결과가 나오지 않는다. 100을 투자했는데 300을 얻을 수 있고, 300을 투자하고 100이라는 결과를 받기도 한다.

코로나19 팬데믹으로 인해 전시, 공연, 영화, 숙박, 여행 등 내수업종과 소상공인 및 자영업자들이 큰 타격을 입었다. 한 자영업 단체는 코로나19 이후 극단적 선택을 한 자영업자만 24명에 이른다고 밝혔다. 과연 이들이 열심히 살지 않아서 그렇게 된 걸까?

반면 온라인 게임, 배달 중개 플랫폼, 온라인 쇼핑 등과 같은 비대면 산업은 코로나19 시기에 상대적으로 호황을 누렸다. 비대면 산업 종사자들이 대면 산업 종사자들보다 더 열심히 살았기 때문에 승승장구한 것일까? 코로나19의 상황을 몸으로 경험한 사람이라면 "그렇지 않다"라고 대답할 것이다. 모두가 각자 다양한 방식으로 최선을 다해서 살아왔을 뿐인데, 코로나19라는 예상치 못한 변수로 인해 각기 다른 영향을 받은 것이다.

이처럼 인생에는 수많은 변수와 불가항력이 존재하고 이 중 상당수는 자신의 통제권을 벗어나 있다. 자신의 의지나 노력과는 상관없이 어쩔 수 없이 생기는 일을 우리는 '운'이라고 정의한다.

피땀 흘려 열심히 일하는 것은 중요하다. 하지만 그것만으로는 성공을 보장할 수 없다. 세계 부호의 대명사인 빌 게이츠는 운을 중요한 성공요소로 꼽는다. 어느 날 한 기자가 빌 게이츠에게 물었다.

"세계 최고의 갑부가 될 수 있었던 비결은 무엇입니까?"

빌 게이츠는 다음과 같이 명료하게 대답했다.

"나는 매일 아침 나 자신에게 두 가지 말을 해줍니다. 하나는 '오늘 아주 좋은 일이 생길 것 같다', 또 하나는 '나는 뭐든지 할 수 있다'입니다. 그것이 저의 성공비결입니다."[19]

또 다른 인터뷰에서는 "어느 날 나비가 제게 날아와 행운을 준 셈이죠"라고 말했다. 자신의 성공비결 중 운이 매우 중요한 요소였음을 거듭 강조한 것이다.

빌 게이츠는 시애틀 외곽에 있는 레이크사이드 중등학교에 다녔다. 이 학교에는 컴퓨터가 있었는데, 당시 중학교에 컴퓨터가 구비된 경우는 찾아보기 힘들었다. 이 학교의 교사였던 빌 두걸Bill Dougall이라는 수학 및 과학교사가 대학에 가려면 컴퓨터를 알아야 한다는 생각으로 자선 바자회 수익금으로 마련한 것이다. 인근에 있는 대학원조차 빌 게이츠가 중학교 2학년 때 사용한 것과 같은 첨단 컴퓨터를 갖고 있지 않은 것만 봐도 빌 두걸은 상당한 예지력이 있었던 것 같다.

1968년, 13세인 빌 게이츠는 학교에서 폴 앨런Paul Gardner Allen(MS의 공동 창업자)을 만났고, 그들은 학교 컴퓨터에 매료되어 방과 후, 늦은 밤, 주말까지 컴퓨터를 마음껏 갖고 놀며 창의력을 폭발시켰다. 두 사람은 금세 컴퓨터 전문가가 되었고, 이를 바탕으로 설립된 마이크로소프트의 시가 총액은 2022년 기준 2조 3,109억 달러가 넘는다.

2005년 모교 졸업생들에게 빌 게이츠는 이렇게 말했다.

"만약 레이크사이드 중등학교에 컴퓨터가 없었다면 마이크로소프트도 없었을 겁니다."

○ 모부신 "내가 취업한 건 쓰레기통 덕분이었다"
'운칠기삼運七技三'이라는 말이 있다. 사람이 살아가면서 겪어야 하는 모든 세상사의 성패는 실력보다는 운에 더 좌우된다는 의미다. 운은 빌 게이츠처럼 사업에서뿐만 아니라 일상생활에서도 상당한 영향력을 행사한다.

월스트리트의 저명한 투자전략가인 마이클 모부신Michael Mauboussin은 그의 저서에서 운과 성공에 대한 자신의 체험을 들려준다.[20]

그가 뉴욕의 투자은행인 드렉셀 버넘 램버트Drexel Burnham Lambert의 신입사원 면접을 보던 때의 일이다. 오늘날 투자은행이나 경영 컨설팅 회사가 그렇듯, 그때도 여러 일대일 면접을 진행하고, 지원자에 대한 면접관 각각의 의견을 종합해 합격을 결정하는 방식이었다. 그는 면접 위원 여섯 명과 개별 면접을 마친 뒤 마지막으로 인사 담당 임원과 단독 면접을 보기로 되어 있었다.

마지막 면접을 위해 인사 담당 임원의 책상 앞에 앉았을 때 그의 눈에 띈 물건이 하나 있었다. 그것은 미식축구팀 워싱턴 레드스킨스Washington Redskins의 로고가 그려진 쓰레기통이었다. 레드스킨스의 팬이었던 모부신은 쓰레기통의 로고가 멋지다고 찬사를 보냈다. 그러자 임원은 환한 미소를 보이며 자신이 워싱턴에서 보낸 시기와 미식축구, 그리고 선수들의 덕목에 관한 이야기를 늘어놓았다. 10분으로 예정된 면접 시간은 15분으로 늘어났다.

그날의 대화는 채용에 필요한 지적인 논의라기보다는 열정에 대한 공감이었다. 모부신은 최종 합격했다. 그리고 몇 달 후, 인사팀 관리자로부터 여섯 명의 면접 위원은 모부신의 채용에 반대했는데 담당 임원의 강력한 주장으로 합격했다는 이야기를 들었다.

신입사원 시절을 떠올리며 모부신은 그의 책에 이렇게 적었다.

"나의 취업은 쓰레기통 덕분이었다. 천운이었다."

피터 드러커와 더불어 현대 경영기법의 창시자로 불리는 톰 피터스Tom Peters도 다음과 같이 운의 중요성을 강조한다.

"나는 지금까지 경력 개발의 계획을 세워본 적이 없다. 다만 행운이 다가왔을 때 그 행운을 활용했을 뿐이다. 모든 일의 98퍼센트는 운이 좌우한다."

빌 게이츠, 마이클 모부신, 톰 피터스가 주장한 운의 가치에 대해서 인정하는가? 아직도 의심스럽다면 운이 성공에 미치는 보다 실증연구 결과를 살펴보자. 스탠퍼드대의 존 크럼볼츠John Krumboltz 교수가 비즈니스, 스포츠, 예술, 정치, 과학 등 다양한 분야에서 부와 사회적 성공을 누리고 있는 사람들을 조사한 결과, 그들이 큰 고비에 직면했거나 인생의 전환점을 맞이했을 때 이를 헤쳐 나갈 수 있었던 요인의 80퍼센트는 전혀 생각지도 못했던 우연한 사건과 만남이었다고 한다.

대한민국의 유통 플랫폼에 혁신을 일으키고 자산가가 된 우아한 형제들의 김봉진 대표와 세계적인 아티스트가 된 방탄소년단도 모범 답안처럼 그들의 성공비결이 '운'이라고 밝혔다.

○ 실력만으로는 성공할 수 없다

우리가 노력해서 얻는 성과는 통제가 가능한 실력과 통제가 불가능한 운이 둘 다 반영된 결과물이다. 이때 운은 결과물에서 실력을 제외한 나머지 부분이다.

혈압을 낮추는 약으로 활용되었던 로니텐은 팔과 등, 다리에 털이 자라는 예상치 못한 부작용을 야기했다. 로니텐의 주 성분인 미녹시딜이 만든 부작용이 주요 원인이었는데, 연구원들은 이 부작용을 이용해 로게인이라는 탈모치료제를 만들었다.

제2차 세계대전 당시 자전관으로 만들어진 레이더는 비즈니스 호황을 구가했다. 하지만 전쟁이 끝나고 주문량이 급격히 줄어들면서 산업은 고전을 면치 못했다. 자전관을 만든 퍼시 스펜서Percy Spencer는 그 기술을 이용해 전자레인지를 만들었다. 흥미롭게도 로니텐이 탈모치료제로, 자전관이 전자레인지로 만들어진 것은 순전히 운 때문이었다. 그 외에도 포스트잇, 프라이팬, 방수복, 포장재에 들어가는 폴리에틸렌도 모두 우연히 발명되었다. 이렇듯 어디까지가 실력이고 어디부터가 운인지는 구분하기 어렵다.

물론 모든 분야가 운의 영향에 좌우되는 것은 아니다. 달리기와 수영과 같은 신체 활동과 체스나 바둑과 같은 인지 활동은 상대적으로 운의 영향을 받지 않고 오로지 실력으로 좌우된다. 하지만 다음 장의 표와 같이 우리 삶의 매우 중요한 부분인 경제성 확보와 관련된 취업, 투자, 마케팅, 창업, 기업경영은 4분면에 해

	단순한 결과	복잡한 결과
결과 차이가 작은 사건	1. 지극히 안전함	2. 다소 안전함
결과 차이가 큰 사건	3. 안전함	4. 매우 불안전함

운의영역

당되는 영역으로 운의 영향력이 매우 크다.

딜로이트 컨설팅이 2만여 개 기업의 실적을 분석해 운이 미치는 영향을 조사했는데 실력으로 성공한 기업은 25퍼센트 미만이었고 75퍼센트에 해당되는 기업들이 운이 좋아서 성공한 기업들이었다. 그렇다고 이들 대다수가 오로지 운 덕분에 승리했다는 뜻은 아니다. 창의적 아이디어와 뛰어난 기술력, 불굴의 의지를 지닌 기업이라도 운이 따라주지 않는다면 성공하기 어렵다는 것이다.

이러한 다양한 실증연구 결과에도 불구하고 대부분 사람은 성공을 설명할 때 운의 영향을 과소평가하는 경향이 있다. 특히 빈자들은 실패를 설명할 때는 운이 나빴다는 사실을 기꺼이 그리고 재빨리 받아들이지만, 일시적인 성공을 설명할 때 운의 영향력을 배제하고는 한다.

21세기 가장 위대한 논픽션 대가로 추앙받는 말콤 글래드웰 Malcolm Gladwell의 주장에 따르면 대부분 성공담은 주로 용기와 재능 등 개인의 자질에 초점을 맞춘다. 그러나 자세히 들여다보면 언제나 운이 큰 역할을 한 것으로 드러난다. 역사는 주로 승자에 관한 스토리가 담겨 있는데 운이 스토리를 이끌어 가면 감동은 사라지고 지루함이 더해진다. 그래서 성공을 논할 때 우리는 운보다 실력을 훨씬 강조하는 경향이 있다.

또한 사람들은 자신의 성공에 대해 스스로를 기만하는 데 능숙하다. 심리학에서는 이를 '자기중심적 귀인편향 Self-serving Attribution'이라고 한다. 사람들은 운의 영향력이 절대적으로 지배하는 분야에서 거둔 성공조차 자신의 특별한 재능 덕분이라고 말한다. 사람들이 이렇게 생각하는 것은 스스로를 유능한 존재로 인식하고 싶기 때문이다. 우리는 무엇인가를 할 수 있고 어떤 일이 일어나게 만들 수 있다. 그래서 자신의 실력으로 성공을 이루었다고 생각한다. 반면 실패는 운과 같은 외부 요인 탓으로 돌린다.[21]

○ 거짓말처럼 운이 따르는 사람들의 특징

일본에서 경영의 신으로 추앙받는 기업인 마쓰시타 고노스케 회장이 신입사원 면접을 볼 때 항상 하는 질문이 있다.

"당신의 인생은 지금까지 운이 따랐다고 생각하십니까?"

마쓰시타 회장은 아무리 세계의 유수한 대학을 졸업했다고 하더라도 "운이 따랐다고 생각하지 않습니다"라고 대답하는 사람은 채용하지 않았다. 반대로 "운이 따랐던 것 같습니다"라고 대답한 사람은 채용했다.

마쓰시타 회장은 자신의 성공비결을 다음과 같이 말한다.

"내가 거둔 성공에서 노력에 의한 것은 1퍼센트에 지나지 않을 겁니다. 나머지 99퍼센트는 운이 좋아 능력 있는 직원들을 만났고, 멋진 아이디어를 얻을 수 있었기 때문입니다."[22]

자수성가한 부자가 한결같이 운의 영향력을 중요하게 생각하는 이유가 무엇일까?

성공한 사람과 실패한 사람이 있다고 가정해보자. 이 두 사람에게 어떤 차이가 있을까? 어디까지가 운이고 어디까지가 실력일까? 누구도 정확하게 알 수 없다. 다만 확실한 것은 어떤 결과가 100퍼센트 노력이나 실력으로 이루어진다고 생각해서는 안 된다는 점이다.

경쟁이 치열할수록 운이 결정적인 역할을 할 가능성은 높아진다. 경쟁자가 많아질수록 재능 수준이 최고에 가까운 사람 또한 많기 마련이고, 제품과 서비스는 미흡한 부분이 거의 없는 무결점에 가까워진다. 이런 상황에서는 결국 운이 좋은 사람이 승자가 된다. 앞으로 가장 실력이 뛰어난 사람이 승리하는 경우는 드

물고, 가장 운이 좋은 사람이 승리할 것이다.

이러한 변화의 흐름을 착안한 부자는 운 자체를 매우 중요하게 인지한다. 운을 인지하고 일하는 것과 그렇지 않은 것은 우리가 생각한 것 이상의 차이를 일으킨다. 운의 영향력을 무시하거나 자신의 실패를 운이 나쁜 탓으로 돌리는 경향이 강한 사람은 주위에서 다양한 피드백을 하는데도 불구하고 받아들이지 않고 문제점을 개선하지 않는다. 반면 운의 영향력을 인지하는 사람은 위대한 이야기의 주인공 행세를 하는 게 아니라 자신을 이 자리까지 오게 만든 그 일을 하기 위해 끊임없이 노력한다. 이런 태도가 부자들을 부의 자리에 계속 머물러 있게 해줄 원동력이다.

부자들이 운의 영향력을 중요하게 여기는 또 다른 이유는 그들의 사회적 책임에도 상당한 영향을 미치기 때문이다. 일본 긴자마루칸銀座まるかん의 창업자 사이토 히토리藤一人는 납세액 1위를 여러 번 기록한 적이 있는 거부로 알려져 있다. 1993년부터 2005년까지 12년간 '일본 사업소득 전국 고액납세자 총합 순위' 10위 안에 들었으며, 2004년까지 누계 납세액이 총 173억 엔약 1,600억 원이라는 전대미문의 기록으로 일본 1위에 오른 바 있다.

사이토 히토리가 12년간 회계 부정 없이 납세액 1위를 기록한 배경에는 자신의 인생에서 운의 역할을 인정하는 태도가 자리한다. 운의 중요성을 명확하게 인지한 사람은 자신이 이룬 그 어떤 성공에도 한결같이 감사하는 마음을 갖는다. 세 끼를 겨우 해결하는 사람들은 본인의 노력으로 가능하지만 큰 부자는 운이 만들어주기 때문이다.

실제 노스이스턴대 심리학자 데이비드 데스테노David DeSteno의 연구결과에도 운의 역할을 인정하는 사람은 자신이 누리는 성공에 고마움을 느낄 가능성이 크고, 아울러 공익을 위해 자기 노력의 결실 일부를 내놓을 가능성이 큰 것으로 나타났다.[23] 앤드루 카네기, 빌 게이츠, 워런 버핏, 조지 소로스 등 슈퍼리치들이 자신의 재산 대부분을 기부하는 것도 운이 성공에 미치는 영향을 인지했기 때문이다.

운이 성공에 미치는 영향을 인지하지 못하는 사람은 어떻게 생각할까?

그들은 자신의 실력과 노력으로 얻은 수익이 당연하다고 여기고 온전히 자기 것이라고 주장한다. 따라서 기부는커녕 수익에 대한 세금을 부과하는 행위는 일종의 도둑질이라도 되는 듯 납세를 회피한다.

마지막으로 성공에서 운이 차지하는 역할을 인정하면 실패에 직면했을 때 나와 상대를 용서하고 관대해진다. 또한 자신이 번 돈의 일부는 운의 덕이므로 과거의 성공을 되풀이할 거라 믿지 않고, 항상 겸손한 태도를 가진다. 벤처투자기업 세쿼이아 캐피털Sequoia Capital의 회장이자 억만장자 마이클 모리츠Michael Moritz는 평균 5~10년 정도 되는 벤처캐피털의 수명을 뛰어넘어 무려 40년 넘게 장수기업으로 성장시킨 인물이다. 그는 언론에서 성장의 원인을 다음과 같이 말했다.

"우리는 내일이 어제와 다를 거라고 가정합니다. 지금의 영광에 머물러 있을 여유가 없습니다. 절대 안주하면 안 됩니다. 어제의 성공이 내일의 운이 될 거라 생각해선 안 되는 것이지요."

물론 운의 영향력을 인지한 다른 부자들처럼 마이클 모리츠 역시 사회적 책임을 기꺼이 이행했다. 그는 영국 옥스퍼드대에 저소득층 대학생을 위한 장학금으로 1억 1,500만 달러약 1,318억 원를 기부했다. 이는 옥스퍼드 대학은 물론 유럽 역사상 대학 학부생을 대상으로 한 장학금 기부 가운데 최대 규모다.

Point

부자는 운을 믿는다

운의 영향력을 무시하거나 자신의 실패를

운이 나쁜 탓으로 돌리는 사람들은

주위의 다양한 피드백이 있음에도 불구하고

이를 받아들이지 않고 문제를 개선하지 않는다.

반면 운의 영향력을 인지하는 사람은 자신을

이 자리까지 오게 한 그 일을 하기 위해 끊임없이 노력한다.

이런 태도가 부자를 계속 부자로 머물게 해주는 원동력이다.

3.

부자들이 시간을
대하는 심리

○ 전력을 다해 시간에 대항하라

'전력을 다해 시간에 대항하라'라고 했던 레프 톨스토이에게 시간은 극복의 대상이었다. 그렇지 않으면 시간 속에서 길을 잃거나 자신의 삶을 제어할 수 있는 부분이 현저히 줄어든다.

시간을 '가장 성스러운 자원'으로 애지중지했던 피터 드러커에게도 시간은 소중한 자산이자 효율적인 도구였다. 우리는 시간을 관리하고 통제하려고 하지만 그와 반대로 시간의 통제를 받기도 한다. 이것이 시간의 딜레마다.

출근 도중 교차로의 신호를 위반하고 콩나물시루처럼 빽빽한 지옥철을 타며 아등바등 절약한 5분을, 회사에 도착하자마자 커피 한잔 마시고 수다를 떠는 데 써버린다. 신이 인간에게 허락한 시간은 똑같지만 흐르는 속도는 상대적이다.

아인슈타인은 "아름다운 여자와는 2시간 동안 같이 앉아 있어도 2분처럼 짧게 느껴지고, 뜨거운 화덕 위에는 2분만 앉아 있어도 2시간이 지난 것처럼 길게 느껴진다"라는 말로 시간의 상대성 개념을 강조했다.

아래 항목 중 자신에게 해당되는 행동을 체크해보자.

- 매일 몇 시간 동안 예능 프로그램을 본다.
- 스마트폰으로 게임을 하거나 연예인의 가십거리, 주변 사람들의 잡다한 얘기들을 늘어놓은 SNS에 방문하는 데 몇 시간씩 쓴다.
- 대규모 할인매장의 무료 할인쿠폰을 받기 위해 몇 시간씩 줄을 서서 기다린다.
- 10만 원을 절약하기 위해 여러 군데 경유하는 항공권을 구매한다.
- 정오까지 늘어지게 잔다.
- 회사에서 특별히 하는 일 없이 퇴근 시간만 기다린다.

위 항목 중 2개 이상 체크했다면 부자가 될 가능성이 매우 낮다. 벤자민 프랭클린은 '시간은 돈이다'라고 했다. 시간이 사람들의 생활에서 매우 소중한 가치, 즉 돈과 비교될 수 있음을 강조한 말이다.

돈을 숨길 의도가 있는 사람 외에 대부분의 사람은 금융기관을 이용한다. 이곳에 돈을 맡기거나 빌려 쓰기도 한다. 이때 돈을 오래 맡길수록 더 많은 이자를 받는다. 이자는 바로 원금을 맡긴 '시간에 대한 대가'라고 할 수 있다.

부자든 빈자든 시간은 똑같이 부여되고 소비된다. 시간을 더 많이 가지고 있거나 덜 가지고 있는 사람은 없다. 살아 있는 모든 사람에게 하루 24시간은 동일하다. 그런데 대부분의 사람이 부자가 되지 못하는 이유는 돈은 돈이고 시간은 시간이지 하면서 자신에게 주어진 시간의 가치를 등한시하기 때문이다.

주위를 둘러보라. 소파 위에 누워 드라마 방송 시간을 기다리고 있지 않는가? 5,000원을 절약하기 위해 줄을 서 있지는 않는가? 최신형 기기를 사기 위해 텐트 안에서 이틀을 낭비하지는 않았는가?

정보통신정책연구원KISDI에 따르면 2020년 기준 한국 사람들은 매일 TV를 3시간 9분 이상 본다. 코로나19 확산 이후 집에 있는 시간이 늘어나면서 TV 시청 시간도 증가했다. 여기에 하루 평균 1시간 55분간 스마트폰을 이용한다. 그렇다면 그들은 80년이라는 긴 삶을 살아가면서 TV나 스마트폰을 붙잡고 약 14만 6,000시간을 보낼 것이다.

소비되는 시간의 합은 여기서 끝나지 않는다. 하루 종일 일해서 10실링을 벌 수 있는 사람이 있다고 치자. 이 사람이 한나절 동안 밖에서 놀거나 그냥 빈둥거리며 시간을 보냈다. 이때 돈을

6펜스만 썼더라도 그것이 들인 비용의 전부라고 생각해서는 안 된다. 왜냐하면 그 외에도 5실링을 낭비하거나 포기한 것이나 다름없기 때문이다.

이 이야기는 프랑스의 자유주의 경제학자인 클로드 프레데리크 바스티아Claude-Frédéric Bastiat의 에세이《보이는 것과 보이지 않는 것Things Seen and Things Not Seen》에서 보다 발전되었고, 마침내 1914년 오스트리아 경제학자 프리드리히 폰 비저Friedrich von Wieser에 의해 '기회비용Opportunity cost'이라는 사회경제이론 용어로 구체화되었다. 시간이 돈이므로, 엉뚱한 일을 하느라 든 직접비용explicit costs뿐만 아니라 원래 그 시간에 벌어야 할 간접비용implicit costs까지 손해를 본 셈이다.

빈자는 도대체 왜 많은 시간을 낭비할까?

이유는 단순하다. 빈자는 시간을 소비의 대상으로 보기 때문이다. 시간을 소비의 대상으로 본다는 것은 남들이 만들어놓은 제품이나 유튜브, TV, OTT 서비스 등의 미디어 매체로 콘텐츠를 수동적으로 소비하는 행동을 말한다.

반면 부자에게 시간은 만들어 투자하는 것이다. 부자에게 만들어 투자한다는 것은 자신 스스로 움직여 무언가를 만들어내거나 가치를 능동적으로 창출하는 개념으로 기회비용의 낭비를 대폭 줄이기 위한 노력의 시간이다.

보다 능동적인 시간관리 방법에 관심이 많다면《부자 습관 가

난한 습관Rich Habits, Poor Habits》《지갑이 마르지 않는 평생부자》《시간
부자의 하루》등의 도서를 참고해보자.

○ 부자는 돈과 시간을 거래하지 않는다

우리의 인생은 자유시간과 노동시간으로 이뤄져 있다. 자유시
간은 노동에서 해방된 상태에서 즐기면서 쓰는 여가시간이다. 노
동시간은 돈을 벌기 위해서 쓰는 시간이다. 법정 근로시간이 정
해진 일반 정규직이나 시간제 근로자들은 자유시간과 노동시간
의 구분이 명확하다. 주어진 시간만큼 일하고 나머지는 여가시간
으로 보낸다.

반면 부자는 어떨까?

소득효과Income Effect라는 경제학 용어가 있다. 임금 상승 시 소득
이 발생해서 노동공급을 포기하고 여가를 선택하는 것을 말한다.
그런데 이 개념이 현대의 부자들에게 적용되지 않게 되었다. 부
자들이 여가시간을 비용으로 인식하기 때문이다. 즉 부자들은 집
에서 빈둥거리는 것을 시간 낭비로 생각한다는 것이다.

미국 통계에 의하면 매년 100만 달러 이상 버는 미국인들이 2
만 달러 이하 소득의 미국인보다 TV 시청 같은 여가시간에 시간
을 40퍼센트나 덜 쓰는 것으로 나타났다. 직설적으로 표현하자면
여가가 더는 사회계급이 아니라 무능함과 실업의 상징이 되었다.

세계 2위 부자이자 아마존의 창업자인 제프 베조스_{Jeff Bezos}는 이렇게 말한다.

"나는 릴렉스 하기 위해 출근한다."

부자들은 돈과 시간을 거래하지 않는다. 부자들이 가장 중요시하는 것은 시간이며, 그들은 시간을 지배하기에 돈을 번다. 벤자민 프랭클린이 젊은 시절 서점에서 일하고 있을 때, 시간을 빼앗으며 귀찮게 하던 손님에게 자기 시간에 대한 가격을 책값에 포함시켰던 일화는 매우 유명하다.

시간은 사람에 따라 살아 있기도 하고, 죽기도 한다. 아무것도 하지 않고 일없이 빈둥거리며 퇴근 시간만 기다리는 사람의 시간은 죽은 시간이다. 그러나 운동하거나 성과를 위해 매진하고 있을 때 시간은 살아 있다. 시간은 누구에게나 공평하게 주어진다. 똑같이 주어진 시간을 어떻게 쓰느냐에 따라 빈부의 미래는 달라진다.

자본주의 사회에서 부를 축적하는 방식에 대해서 살펴보자.

자본주의의 사전적인 의미는 사유재산제에 바탕을 두고 이윤 획득을 위해 상품의 생산과 소비가 이루어지는 경제체제를 말한다. 즉 핵심은 교환이다. 시간을 돈으로 교환하고, 돈을 노동과 상품으로 교환하며 회전하는 사회인 것이다.

자본주의에서 승리는 모두에게 동일하게 주어진 시간을 어떻게 활용하는가에 달려 있다. 그래서 다수의 사람은 시간당 받는 돈의 액수를 늘리기 위해 좋은 직장과 월급에 매진한다. 그러나 이러한 방식은 곧 한계에 직면한다.

다음에서 하나를 선택해보라.

A : 1억 원 만큼의 커피를 갖는다.
B : 1억 원짜리 커피 공장을 갖는다.

500명에게 물어보면 분명 500명 모두 커피 공장을 선택할 것이다. 공장을 가지면 커피를 계속 만들 수 있으니 커피 1억 원어치보다 훨씬 가치 있기 때문이다. 자본주의는 상품과 제품을 계속 생산하는 프로세스를 가진 자가 승리한다. 그렇기에 커피 1억 원어치보다 스타벅스 매장을 가지는 것이 부자이고, 소프트웨어 1억 원어치보다 마이크로소프트 공장을 가지는 것이 이익이다. 즉 자본주의 사회에서 교환을 무한히 할 수 있는 동력원이 있다면 시간을 거래하지 않아도 된다는 뜻이다.

부자가 오랫동안 부자라는 위치에 머무는 이유는 근로자가 가진 시간을 교환하는 동력원을 쥐고 있기 때문이다. 하지만 빈자는 자신에게 주어진 시간만이 교환할 수 있는 유일한 가치로 착각하며 평생을 살아간다. 그러다 결국 녹슬고 낡아서 자본주의에서 퇴출되고 만다.

○ 일하지 말고, 일해줄 시스템을 구축하라

부자의 시간 관리 제1원칙. 일상의 모든 활동에서 매 시간의 가격과 비용을 계산하는 습관을 가진다. 시간을 계량화해 과학적으로 따져보면 얼마나 시간을 비효율적으로 사용했으며 시간의 효과를 제대로 보지 못한 채 살아왔는지 눈에 들어온다. 수지가 맞는다고 생각했던 일도 시간 비용을 꼼꼼히 따져 계산해보면 전혀 그렇지 않을 때가 자주 발생한다. 1,000원을 아끼려고 30분 동안 줄을 선다든지, 택시비가 아까워서 세 정거장을 걸어가는 일은 때에 따라 귀중한 시간을 버리는 어리석은 선택이 될 수 있다.

부자들의 시간 관리 제2원칙. 부의 방정식에서 시간이라는 요소를 제거한다. 시간은 모든 인간이 한정된 양밖에 가질 수 없는 공통된 가치다. 미국 대통령 조 바이든Joe Biden이나 서울역 노숙자나 매일 쓸 수 있는 시간은 똑같다. 한 사람이 할 수 있는 일의 양은 한계가 있고 결과적으로 벌 수 있는 돈도 그렇다. 물론 리오넬 메시처럼 재능을 타고났거나 놀라울 정도로 일을 잘하는 사람이라면 엄청난 부를 창출할 수 있다. 하지만 그러기가 쉽지 않다. 대부분의 사람은 엄청난 재능을 타고나지도 않았고 평균적인 아이큐를 가지고 있다. 그래서 시간의 가치가 그다지 크지 않다.

부자가 부를 창출할 수 있었던 이유는 우선 소득에서 시간을 분리했기 때문이다. 그들은 전적으로 시간에 매달려 돈을 벌지 않았다. 만약 빌 게이츠가 혼자서 모든 일을 다 했다면 한 달에

10만 달러에 만족해야 했을 것이다.

부자는 자신에게 주어진 시간을 일하는 데 쓰기보다 자신을 대신해서 일해줄 시스템을 구축하는 데 썼다. 이를 '수동적 소득 Passive Income'이라고 한다. 스타벅스 매장, 마이크로소프트 공장을 구축해 소득에서 자신의 시간을 완전히 분리했을 때 창출되는 소득을 말한다. 연애를 하거나 술을 진탕 마시고 잠잘 때조차 부를 창출할 수 있다는 의미다. 물론 시스템을 구축하기란 쉬운 일은 아니다. 하지만 평균의 재능과 아이큐로 복권 당첨이라는 대박을 꿈꾸는 것보다 현실적이다.

시스템을 구축하려면 상당히 많은 시간과 노력이 필요하다. 하지만 일단 구축해놓으면 그때부터 1,000개를 팔든 100만 개를 팔든 들이는 시간과 상관없이 부가 축적된다. 부자는 매주 복권을 사기 위해 줄을 서서 소비하는 시간에 자신의 시스템을 구축하는 데 시간을 소비한다. 복권의 수입은 일시적이지만 시스템을 통한 수입은 무제한이다.

세계의 슈퍼리치들은 돈으로 돈을 번다. 매일 시간을 투자하지 않는다. 빌 게이츠는 투자로 수백만 달러를 벌고 그 돈이 알아서 불어난다. 그에게 수억만 달러를 벌어준 비즈니스에 투입된 결정적 요소는 시간이 결코 아니다. 만약 돈과 시간을 분리하지 않는다면, 바라는 만큼 부자가 될 수는 없을 것이다.

페르난도 트리아스 데 베스Fernando Trias de Bes의 《시간을 파는 남자

El Vendedor de Tiempo 》라는 책이 있다. 이 책의 주인공 보통남자 TC_{Tipo} Corriente의 필생의 소원은 붉은 머리 개미의 생식체계를 연구하는 것이다. 어느 날, 자기 인생의 대차대조표를 짜본 TC는 자신이 35년의 시간을 빚지고 있다는 사실을 깨닫는다. 늘어만 가는 대출금에 생계유지조차 빠듯한 현실, 그리고 붉은 머리 개미 연구를 위해 할애할 시간조차 없다는 것은 느낀 그는 회사를 그만두고 자신의 전 재산을 털어 사업을 시작한다. 사업 아이템은 시간 5분이 담긴 플라스틱 소변 컵을 파는 것이다. 즉 5분이라는 시간을 돈을 받고 파는 사업을 시작한 것이다.

그는 5분이 담긴 플라스틱 소변 컵을 '5분의 자유'라고 이름을 붙여 1.99달러의 가격에 팔았다. 이 상품을 사용하면 5분 동안 자기 자신을 위해 시간을 사용할 수 있다. 회사나 가정생활 등 바쁜 일상 속에서 5분이라는 짧은 시간도 허용할 수 없는 바쁜 사람들을 위해 만들어진 상품이라고 할 수 있다. 이 상품은 자신을 뒤돌아볼 수 없었던 사람들에게 날개 돋친 듯 팔렸고, 사람들의 능률과 생산성을 향상한 것은 물론 실업률까지 해결했다.

부자는 시간으로 돈을 번다

부자들은 돈과 시간을 거래하지 않는다.

부자들이 가장 중요시하는 것은 시간이며,

그들은 시간을 지배하기에 돈을 번다.

시간은 누구에게나 공평하게 주어지는데

똑같이 주어진 시간을 어떻게 쓰느냐에 따라 부의 미래는 달라진다.

4.

부자는 불편한 책을
골라 읽는다

 ○ '대학 졸업장 없어도 부자가 될 수 있다'는 신화

한국인의 머릿속에는 좋은 학벌이 성공의 보증

수표라는 생각이 뿌리 깊이 박혀 있다. 한국교육개발원 여론조사

에 따르면 전체 응답자의 절반 이상이 우리 사회에서는 학벌이

성공과 출세에 가장 중요한 요소라고 꼽았다. 뿐만 아니라 다수

의 경제학자도 출신 대학의 서열에 따른 부의 프리미엄이 존재한

다는 사실을 입증해왔다.

물론 대학을 나온다고, 가방끈이 길다고 해서 반드시 부자가

되는 것은 결코 아니다. 떠돌이 세일즈맨의 아들로 태어나 고등

학교도 제대로 졸업하지 못한 데이비드 머독David Murdock은 40억 달

러가 넘는 식품·부동산 거부가 되었다. 또한 집안 사정이 넉넉지

않았던 아만시오 오르테가Amancio Ortega는 열세 살에 중학교를 자퇴

하고 의류점에 들어가 견습공이 됐지만 아내와 함께 자라ZARA를 설립하여 740억 달러를 벌어들이며 스페인에서 범접할 수 없는 부호 1순위로 등극했다. 머독이나 오르테가 같은 사람은 모두 보잘것없는 정규학력으로 큰 재산을 일군 부자들이다.

자산정보업체 웰스엑스Wealth-X가 2015~2016년에 억만장자 2,473명을 대상으로 조사한 결과 전체 억만장자의 약 30퍼센트가 대학을 나오지 않은 것으로 나타났다. 2006년 포브스의 조사에서도 지난 25년간 《포브스》 400대 부호 중 약 10퍼센트는 고교 중퇴거나 고졸자였다. 그런데 위 두 곳의 기관에서 조사한 결과를 보면 특별한 점이 발견된다. 부의 규모가 클수록 학력이 높아지는 것이다. 2021년 11월 《포브스》 선정 세계 부자 순위 TOP 50명을 조사한 결과 고졸 이하의 학력을 가진 사람은 레오나르도 델 베키오, 리자청, 허샹젠, 아만시오 오르테가로 전체의 약 8퍼센트에 불과한 것으로 나타났다.

이들 TOP 50명을 좀 더 자세히 살펴보면, 고도의 지식·기술 집약적 산업에 해당하는 인공지능, 전기차 배터리, 플랫폼, 통신, 인터넷 서비스, 소프트웨어, 전기 자동차, 모바일 PC 게임 등을 다루는 자수성가형 부자들은 100퍼센트 대학을 졸업했다. 이 중 예외로 대학을 중퇴한 빌 게이츠와 마이클 델, 마크 저커버그가 있다. 응용수학과를 전공한 빌 게이츠와 의과대학을 전공한 마이클 델의 중퇴는 그들이 지향하고자 하는 비전과 대학 간의 불일치에서 일어난 결과로 해석할 수 있다. 2015년 빌 게이츠는 자신의 블로그에 "나처럼 학교를 그만두지 말라"라고 경고했다. 또한 "학위 없이도 성공할 수 있었던 건 운이 좋았기 때문이며, 성공하려면 공부를 마치는 것이 좋다"라고 했다.

한때 빌 게이츠를 비롯해 마크 저커버그, 스티브 잡스 등 정보기술 업계 글로벌 경영자들이 대학 졸업장 없이 성공한 사실이 부각되면서 '대학 무용론'이 불거지기도 했다. 대학을 그만두는 것을 야망을 증명하는 명예로운 배지로 여기기도 했다. 하지만 과연 지금도 그 생각이 유효할까?

2021년《포브스》의 결과에서 보듯 세계적인 부호들은 대학을 졸업했다. 오늘날 첨단산업기술은 부의 엔진이며 억만장자를 배출하는 최고의 산업이다. 앞으로 당신이 슈퍼리치가 되기를 열망한다면, 대학에서 무엇을 공부하느냐가 중요할 것이다. 실제로 세계 10대 부자 중에 절반은 공학이나 컴퓨터 과학을 전공했고, 앞으로 이 비율은 더욱 높아지게 될 것이다.

○ MBA 학위로도 얻을 수 없는 경험지식

지식은 일반지식, 전문지식, 경험지식, 융합지식으로 나뉜다. 피라미드의 가장 아래에 위치한 일반지식은 사실과 정보를 다룬다. '가을철에 귤이 노랗다', '껍질의 두께는 품종에 따라 일정한

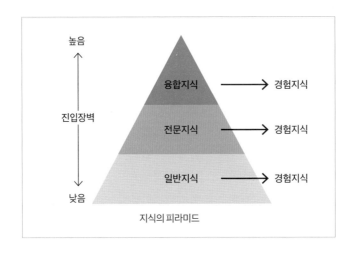

지식의 피라미드

차이가 난다' 등과 같은 사실과 정보다. 이런 지식은 네이버나 구글 검색을 통해 쉽게 획득할 수 있다. 정보의 습득이 쉽고 수준이 높지 않기 때문에 일반지식을 배웠다고 그 분야의 전문가라고 할수 없으며, 당연히 부를 창출할 수 없다.

피라미드의 중간에 위치한 전문지식은 특정 분야에 대한 풍부하고 깊이 있는 지식으로 평생교육기관이나 대학에서 배울 수 있는 수준의 지식이다. 또한 전문지식은 새로운 정보를 학습하고 습득한 정보를 효율적으로 사용하는 능력과도 연관되어 있다.

피라미드의 상단에 위한 융합지식은 종합대학이나 대학원에서 습득할 수 있는 지식으로 제4차 산업혁명 시대의 대표 산업인 빅데이터, 자율주행, 사물인터넷, 3D프린팅, 메타버스 등의 분야에서 요구되는 기술을 융합하여 인간에게 새로운 편의를 제공해

주는 지식을 말한다.

융합지식이 추구하는 바는 인간 중심의 기술, 적정기술, 사회
갈등 해소, 환경문제 등과 같이 우리 사회에 당면한 중요한 문제
를 해결하는 것이다. 이러한 사업에는 세계적인 이목과 자금이
집중되므로 엄청난 부를 창출할 수 있다.

피라미드의 전 영역을 아우르는 경험지식은 이론이나 서면을
통한 학습이 아닌 실제 사용이나 현장 경험을 통해 얻는 지식으
로 암묵지에 속한다. 경험지식이 극대화되면 경쟁자 또는 제품이
나 서비스 차별화를 통해 일정한 부를 창출할 수 있다.

요식업을 예로 들어보자. 일반적으로 요식업은 대학원을 다니
지 않아도 일반지식에 어느 정도의 전문지식을 습득하면 사업을
할 수 있다. 여기에 자신만의 경험지식을 발휘하면 다른 식당과
차별화를 통해 수익을 창출할 수 있다.

여기서 중요한 점은 지식의 수준이 낮을수록 경험지식이 매우
중요하다는 점이다. 1886년에 태어난 코카콜라가 136년째 콜라
제조법을 영업비밀로 유지하는 이유도 같은 맥락이다. 누구나 쉽
게 접할 수 있는 일반지식과 전문지식으로는 경쟁력을 지속적으
로 확보할 수 없다. 이 상황이 반복되면 전문지식은 범용지식으
로 전환된다. 범용지식이란 전대미문의 신기술과 노하우가 오랫
동안 다양한 분야에 적용되면서 당연하게 받아들여지는 지식을
말한다. 즉 전문지식도 처음에는 나름의 경쟁력을 가지고 있지만

지식이 범용화되면서 일반지식으로 전환된다는 것이다.

2022년 하버드 비즈니스 리뷰는 MBA 학위의 경쟁력이 갈수록 떨어지는 이유에 대해서 언급했다.[24] MIT 경영대학원은 제너럴모터스의 전 CEO 알프레도 슬론Alfred P. Sloan의 이름으로 명명되었다. 경영대학원 교육과정은 오늘날까지도 경영전략, 재무, 회계, 생산 품질 관리, 마케팅, 인사 등으로 구성되어 있다.

이런 구성은 20세기의 공업, 자동차 분야 기업들의 구조를 그대로 모방한 것이다. 그러나 오늘날 디지털 비즈니스에서는 이런 구조가 통하지 않게 되었다. 아무리 비싼 MBA 과정이라도 변화하는 기업의 니즈에 맞춰 변화를 거듭하지 못하면 범용지식에 머물 수밖에 없다. 미국의 핀테크 기업인 인튜이트Intuit의 설립자 스콧 D. 쿡Scott D. Cook은 MBA 과정의 무용론을 다음과 같이 지적한다. "MBA 졸업자여도 기초부터 다시 훈련해야 한다."

○ 마이클 블룸버그가 말하는, 부자 될 확률을 높이는 '이것'

성장하는 사업의 부의 종류는 둘로 나뉜다. 첫째는 선형적 부, 둘째는 기하급수적 부다. 전자는 일정하지만 큰 폭의 이득을 가져다주지 못한다. 식품, 패션, 부동산, 석유, 섬유사업 등이 여기에 해당된다. 반면 후자는 비약적인 부를 창출할 수 있다. 빅데이터와 AI를 기반으로 한 소프트웨어, 플랫폼, 전자상거래, 컴퓨터 및 데이터처리, 전기자동차 산업이 이에 해당한다.

2021년《포브스》선정 세계 부자 순위 10위 가운데 9개 기업이 이 산업에 속한다. 이들의 목표는 점진적인 성장이 아니라 세계 정복을 통한 기하급수적 성장이다. 페이스북의 2020년 이익은 20세기 거대 기업인 시티뱅크와 월마트, 제너럴모터스의 이익을 다 합친 것과 맞먹는다. 더 놀라운 것은 2020년에 애플과 마이크로소프트가 각각 거둬들인 이익은 페이스북의 2~3배에 달한다는 점이다.

기하급수적 부를 창출하는 지식의 영역은 피라미드의 상단에 위치한 융합지식이다. 최첨단 기술이 주도하는 미래사회에서 기하급수적 부를 창출하려면 고도의 융합지식을 가지고 있어야 한다. 이 지식은 대학과 대학원 이상의 학교 교육을 통해서만 습득할 수 있다. 물론 대학이 변화되는 경영환경을 선도할 수 있도록 융합지식을 가르칠 수 있는 역량이 담보되어야 한다. 이 역량의 유무에 따라 대학의 생사는 갈릴 것이다.

앞으로 대학에서 융합지식을 습득하지 못한 사람은 성공할 가능성이 점점 더 낮아질 것이다. 고등학교를 졸업하거나 대학을 중도에 그만두면 억만장자의 길에 접어들 수 없다. 워런 버핏 역시 대학교육의 덕을 독특히 본 사람이다. 버핏의 인생을 송두리째 바꿔놓은 것은 컬럼비아 대학에서 들은 벤저민 그레이엄 Benjamin Graham 교수의 수업이었다. 버핏은 이 수업에서 배운 투자기

법을 마치 교리처럼 평생 실천했다.

테슬라, 아마존, 구글, 마이크로소프트, 애플, 메타는 세계 최고의 기업 가치를 지니고 있고, 이 기업의 주인공들은 세계적인 부자다. 설립한 순간부터 디지털 세계를 무대로 삼아 온 이들은 융합지식을 핵심 자산으로 활용한다. 그들이 지닌 융합지식은 자신들만의 경험지식으로 확장되어 기하급수적인 부를 축적할 것이다. 이들은 코카콜라처럼 하나의 콜라 제조법에 머물지 않고 융합지식을 활용해 지금까지 존재하지 않은 무한한 가치를 창조해나간다.

물론 전통산업으로 분류된 의류, 유통, 물류, 제조산업도 융합지식을 적용하면 얼마든지 기하급수적 부를 창출할 수 있다. LVMH는 애플뮤직의 수석 디렉터인 이안 로저스Ian Rogers를 최고디지털책임자CDO로 영입하여 온라인 판매전략을 수립했고, 에르메스는 애플과 협력해 럭셔리 애플워치를 출시했다. 융합지식의 활용이 디지털 기반 사업만의 고유 영역이 아니라는 의미다. 특히 메타버스가 성장 동력으로 대두되면서 이미 가상현실 아바타에게 입힐 의상을 선도하는 패션 기술 산업 회사까지 만들어졌다. 2019년 다리아 샤포발로바와 나탈리아 모데모바가 개설한 가상 패션 부티크 드레스X에만 디지털 패션 전용 브랜드가 100개 이상 존재한다. 디지털 시장 재벌그룹 파페치Farfetch사가 내놓은 드레스트Drest 같은 디지털 스타일링 게임에서는 수백 가지의 디지털

의상을 입어볼 수 있다. 이들 중 상당수는 현실 세계에서 구매도 가능하다. 각종 가상 플랫폼에서 다양한 가상 의상을 입어볼 수 있는 기성복 브랜드들도 성장하고 있다.[25]

블룸버그 통신을 설립한 억만장자 마이클 블룸버그Michael Bloomberg는 말한다.

"교육보다 중요한 문제는 없다. 융합지식을 배운 사람은 부자가 될 확률이 높다. 오직 교육을 통해서만 점점 더 복잡해지는 이 세상에서 성공할 수 있다."

이러한 변화의 흐름에 대비해 하버드대는 2009년부터 융합역량 기반 창의인재의 효과적 양성을 위해 교육의 내용과 방법, 그리고 교육 프로그램에서 인문학, 자연공학, 사회과학, 예술 등을 교차시켜 학제 간 상호작용을 유도하고 있다. 하버드대의 융합교육에 있어 자유교육 이념이 시사해 주는 의미가 큰데, 일부 내용을 소개하면 다음과 같다.

"자유교육의 목적은 추정을 뒤흔들어 놓고, 익숙한 것들을 낯설게 만들고, 현상의 저변과 이면에 어떠한 것들이 존재하는지에 대해 규명하고, 때로는 방향감각을 흔들어 그들이 스스로 방향감각을 되찾을 수 있게 도와주는 것이다. 자유교육은 이러한 목적을 달성하기 위해서 가설에 의문을 던지고, 자기성찰을 유발시켜 비판적이며 분석적인 사고를 가르치고, 학생들이 자신들의 능력으로는 이해하기 어려운 현상과 근본적으로 상이한 역사적 계기와 문화적 형성과의 만남을 통해 소외감을 경험하게 한다."[26]

　인간의 삶은 그 자체가 융합적이고 복합적이므로 다양한 학문적 관점에서 융·복합적으로 이루어질 수밖에 없다. 결국 사람들의 머릿속에는 좋은 학벌이 부자로 가는 길, 성공의 보증수표라는 생각이 더욱 뿌리 깊이 박힐 것이다.

○ 부자를 만드는 건 불편한 책이다

　오늘날 첨단산업기술은 부의 엔진이며 억만장자를 배출하는 최고의 산업이다. 미래에는 융합지식을 교육받은 사람이 부자가 될 확률이 높다. 오직 융합지식을 교육받은 사람만이 점점 더 복잡해지는 이 세상에서 성공적인 부를 축적할 수 있다.

　부자가 되고 싶은가? 성공하고 싶은가? 1909년 노벨화학상을 수상한 독일의 화학자 프레드릭 오스트발트Friedrich Ostwald는 성공한 사람들에게서 공통점을 발견했다. 그것은 바로 공부였다.

　세계 3위의 갑부 빌 게이츠는 어려서부터 지독한 책벌레였다. 그는 "나를 키운 건 동네 도서관이었다"라며 책을 언제나 옆에 끼고 살았다고 고백했다. 빌 게이츠는 2010년부터 블로그 '게이츠노트Gates Notes'를 운영하고 있는데 이곳에는 그가 읽은 책의 서평이 업로드 되어 있다. 그는 IT 전문가이지만 전자책이 아닌 종이책 읽기를 고집한다. 책을 읽고 나서 책 가장자리에 감상을 끄적이거나, 자신의 느낌을 지인들에게 이메일로 보내곤 한다. 물론 책 추천도 함께 한다.

빌 게이츠가 2020년에 읽은 책 중 5권의 추천도서를 보면 분야의 스펙트럼이 넓음을 알 수 있다. 그는 인종차별 문제를 다룬 사회학 분야의 《뉴 짐 크로The New Jim Crow》와 늦깎이 천재들의 비밀을 다룬 자기계발서 《레인지Range》, 처칠의 리더십을 다룬 《화려한 자와 비열한 자The Splendid and the Vile》, 냉전 종식의 시대를 다룬 역사책 《스파이와 배신자The Spy and the Traitor》, 인간의 생명을 위협하는 질병을 다룬 과학서 《브레스 프롬 솔트Breath from Salt》를 추천도서로 선정했다.

2021년 세계 부자 5위를 차지한 페이스북의 CEO 마크 저커버그 역시 빌 게이츠와 같이 다양한 분야를 공부한다. 2015년에 그가 읽은 책은 《뉴 짐 크로》 《오웰의 복수Orwell's Revenge》 《중국과의 거래Dealing With China》 《사람들은 어떻게 광장에 모이는 것일까?Rational Ritual》 《과학 혁명의 구조The Structure of Scientific Revolutions》 《창의성을 지휘하라Creativity, Inc.》 《면역에 관하여On Immunity》 《괴짜 사회학Gang Leader for a Day》 등으로 제목만 봐도 다양한 분야를 망라하고 있다.

전문 분야만 공부해도 시간이 부족할 텐데 이들은 왜 이처럼 자신의 영역과 무관한 주제의 책을 읽는 것일까?

부자들에게 독서는 미지의 영역을 탐구하는 자양분이다. 자신과 무관하다고 생각했던 주제 속에서 새로운 흥밋거리를 찾게 되고, 그 흥밋거리는 새로운 아이디어로 연결된다. 빌 게이츠와 마크 저커버그의 스펙트럼이 넓은 독서 습관은 어쩌면 CEO들에게 최적화된 방법일지도 모른다. 그래서 부자는 '불편한 책을 읽어야 한다'고 주장한다. 내가 알지 못하는 분야를 다룬 두꺼운 책을 선뜻 고르기는 망설여지지만 읽기 시작하면 전보다 더 많이 고민하게 되고, 이로써 한층 더 깊이 있게 사고할 수 있다.

일례로 아인슈타인은 여행할 때 반드시 음악책과 바이올린을 지니고 다녔다. 물리학자가 생뚱맞게 웬 바이올린이냐고 생각할 수 있지만 그의 바이올린 연주는 수준급으로 음악살롱에서 자주 연주할 정도였다. 또 물리학자이자 피아니스트였던 동료 파울 에렌페스트Paul Ehrenfest와 함께 브람스를 협연하기도 했고 피아노 치는 아들과 협주곡을 연주하기도 했다. 아인슈타인은 물리학을 연구할 때 "음악으로 사고한다"고 했을 정도다.

그는 복잡한 문제에 몰두할 때면 늦은 밤 주방에서 바이올린으로 즉흥적인 선율을 연주하고는 했다. 그러다 갑자기 흥분한 목소리로 "알아냈어!" 하고 외치며 음악 속에서 물리학적 영감을 받았다. 아인슈타인이 상대성이론을 직관적으로 떠올리게 만든 것 역시 음악이었다. 이처럼 아인슈타인에게 물리학과 음악은 상호보완적인 관계였으며, 음악으로 감정을 동요시켜 미지의 물리학 발상에 깊은 사고를 더하고는 했다.

빈자는 왜 부자들은 가진 것도 많은데 굳이 머리 아프게 불편한 책을 읽고 관련 없는 영역까지 공부하느냐고 말한다. 그러면서 다음과 같이 묻는다.

"여가를 즐기면서 편하게 살아도 되지 않나요?"

이렇게 묻는 사람들에게 빌 게이츠는 대답한다.

"익숙한 생활에 안주해버리면 더는 성장할 수 없습니다."

전 세계의 모든 기업은 해마다 경영목표를 세우는데, 아무리 금융위기나 코로나19와 같은 팬데믹 상황이 와도 전년도보다 높은 플러스알파 목표를 세운다.

"이번엔 불황이 심각한 상황이니 작년과 같은 수준으로 적당히 하자"라는 식의 목표를 세우지 않는다. 이제 충분히 벌었으니 올해처럼만 하면 된다는 기업은 언젠가는 쓰러지게 된다. 만약 당신이 그 회사의 주식을 갖고 있다면 지금 당장 팔려고 할 것이다.

사람들은 특별한 이득이 주어지지 않는 이상 현재 성립된 행동을 바꾸지 않으려는 '현상유지 편향Status Quo Bias'을 가지고 있다. 쉽게 말해 사람들은 지금의 조건에서 벗어나는 것을 아주 싫어한다는 것이 이론의 골자다. 그러나 부자들에게 현상유지는 쇠퇴를 의미한다. 왜냐하면 현실은 잠시도 멈추지 않기 때문이다. 모든 것은 나선형을 그리며 전진하고 있다. 그렇기 때문에 의식적으로 스스로를 향상시켜야 한다는 목표를 세우지 않으면 스스로는 현상유지라고 느껴도 어느 순간 돌이킬 수 없을 만큼 뒤떨어져 버린다.

미국의 대표 경제전문지인 《포춘》이 과거 50년간 100대 규모 기업들의 매출 추이를 분석한 결과 매출이 상당히 둔화되기 시작하는 성장 한계점이 존재한다는 것이 밝혀졌다. 이른바 '스톨 포인트Stall Point'이다.

조직생태학에 따르면, 기업도 생물체와 같아서 성장과 쇠락의 과정을 되풀이하다가 결국 소멸에 이르게 된다. 성공 기업도 예외가 되기는 어렵다. 더 주목할 만한 사실은 스톨에 빠진 기업의 절반 이상이 스톨 이후 10년 이내 2퍼센트 미만의 저성장 내지 역성장을 경험한다는 점이다. 심지어 10년 이내 저성장에 빠진 기업 중 열의 아홉은 장기적으로 쇠퇴 및 소멸의 길을 걸었다.

스톨 이전의 높은 성장률을 회복한 기업은 11퍼센트에 불과했다. 크게 성공한 기업일수록 회복이 어려운 이유는 성공 체험이 축적된 기업일수록 새로운 것을 받아들이지 않고 기존 패턴에 안주해 잘못된 판단을 내릴 가능성이 높아지기 때문이다. 즉 현상유지 편향에 빠져 있기 때문이다.[27]

스펙트럼이 넓은 부자의 공부법은 날카로운 지성으로 순간의 기회를 포착할 수 있고, 미래의 변화를 예측할 수 있으며, 사람들의 미묘한 변화를 통찰할 수 있고, 거시적이고 추상적인 무형의 존재를 파악할 수 있다.

"얕은 우물은 이내 마르고 깊은 우물은 영원히 마르지 않는다."

어느 유대인의 말처럼 부자의 배움은 무한하며 어제보다 나은 내일을 만드는 데 이바지한다.

○ 부자의 독서와 빈자의 독서

비행기를 탔을 때 다른 승객을 관찰해보라. 비즈니스 클래스 고객은 경제신문을 주로 보고 이코노미 클래스 고객들은 스포츠 나 연예 신문을 주로 본다. 비즈니스 고객 중에는 경제신문을 보 면서도 추가 자료를 찾거나 메모를 하는 사람이 많다.

대부분의 빈자는 새로운 것보다 익숙한 것에 대해 더 알고 싶 어 한다. 일상생활에서 자주 겪는 경험이나 머릿속에 쉽게 떠오 르는 익숙한 것을 가지고 세계에 대한 이미지를 만드는 경향을 '가용성 편향Availability Bias'이라고 한다. 배우나 가수, 운동선수의 가 십 혹은 지라시에 많은 사람이 열광하는 이유도 이런 배경 때문 이다. 그 일이 설령 나와는 전혀 관계가 없더라도 방송에 자주 접 한 익숙한 누군가에게 일어난 사건은 흥미를 불러일으킨다. 이들 은 단순히 보는 수준을 넘어 악성 댓글로 가십과 지라시를 확대 재생산한다. 타인의 불행에서 즐거움을 느끼는 것이 인간의 본능 이라고는 하지만 이러한 행동은 에너지를 소모할 뿐 부자로 나아 가는 데 아무런 도움이 되지 않는다.

《부자 습관 가난한 습관》의 저자 토머스 콜리Thomas C. Corley는 223 명의 부자와 128명의 빈자를 대상으로 '습관'을 조사했는데, 부자와 빈자는 공부하는 습관에서 가장 큰 차이를 보였다. 부자들의 경우 매일 30분 이상 책을 읽는다는 대답이 88퍼센트에 달한 반면, 빈자들은 2퍼센트에 불과했다.

빈자가 가장 많이 하는 핑계는 "시간이 없다"다. 그래서 공부도 부자처럼 폭 넓은 공부를 하는 것이 아니라 필요한 부분만 선택적으로 하려는 경향이 강하다. 때문에 시간적 여유가 생겨도 가용성 편향에 빠져 자신이 접하기 쉽고 이해할 수 있는 내용만 찾곤 한다. 예를 들어, 주식을 공부하는 경우 경제학자들이 자주 언급하는 주식 용어만 외운다. 그러고서는 "이 회사는 주가수익비율PER과 주당순이익EPS이 높아서 지금 사면 안 돼" 또는 "테슬라 주가가 지금의 5배로 오를 수 있다"는 전문가의 주장을 듣고 투자 의사를 결정한다.

하지만 정작 자신이 내린 결정이 어떤 의미인지는 알지 못한다. 그럴듯해 보이는 주장으로 투자를 정당화하지만 전체적인 경제 흐름과 투자에 대한 명확한 근거에 대해서는 고민을 하지 않는다. 그러다 투자에 실패하게 되면 주식을 한낱 도박으로 치부해버린다. 빈자들은 읽기 중독자인 워런 버핏이나 자기 자신을 살아 있는 도서관으로 만드는 존 템플턴 경과는 전혀 다른 공부법으로 투자를 자행하고 있는 것이다.

그래서 총체적이고 깊이 있는 공부는 중요하다. 특히 가용성 편향에서 벗어나기 위해서는 자신과 다르게 생각하는 사람들의 경험을 공유하고 돈의 원리뿐만 아니라 다양한 영역을 폭넓게 공부해야 한다. 그러면 처음에는 내 앞에 있는 것이 꼭 기회만은 아니라는 사실을 알게 되고, 나중에는 남들이 위험하다고 주장하는 일 속에서 기회를 찾을 수 있을 것이다.

○ 소크라테스와 한나절을 보낼 수 있다면

분명 공부를 하다 보면 조급해지는 순간이 온다. 바로 주변 사람들이 수익을 냈다는 소문을 들을 때다. 이 순간 아무런 수익을 내지 못하고 있는 자신의 상황에 상대적 박탈감이나 불안감을 느끼며 '이 정도 공부면 충분해'라고 생각한다. 그리고 곧이어 직접 투자에 뛰어든다. 바로 이 시기를 가장 조심해야 한다. 자신의 마음을 잘 다스리지 못하면 아무리 경험과 지식이 많고 올바른 매매 기준을 가지고 있는 사람이라 할지라도 순간의 심리변화에 따라 뇌동매매를 하게 된다. 이러면 확률적으로 손실이 발생할 가능성이 높다.

무엇보다 공부를 완성한 후 투자하는 것이 가장 중요하다. 가장 먼저 무엇을 공부해야 할까? 우리는 동일한 시대, 동일한 사회를 살아가는데 사람들의 명암이 나뉘는 것을 어렵지 않게 경험한다. 그 이유는 다름 아닌 우주의 법칙을 거슬렀기 때문이다. 공부의 완성을 위해서는 가장 먼저 우주의 법칙에 맞는 공부법과 사고법을 알고 있어야 원하는 결과를 손에 넣을 수 있다. 예를 들어 '앞날이 불안하고 미래 전망이 어두우니 자격증이라도 취득해야지'라는 생각에 자격증 공부를 하면 자격증은 취득할 수 있겠지만 전망이 밝지는 않다.

인간의 뇌에서 의식은 전체 뇌 기능 중 10퍼센트도 채 안 된다. 반면 잠재의식은 전체 뇌 기능 중에서 90퍼센트 이상을 차지한다. 이 90퍼센트는 습관, 무의식적 행동, 자신에 대한 신뢰 등으로 구성되어 있다. 우리가 성공하거나 실패하는 모든 이유를 바로 이 90퍼센트에서 찾을 수 있다.[28] 아무리 좋은 환경에서 태어나고, 차별화된 자격증을 취득하더라도 잠재의식에 잘못된 생각을 집어넣으면 그 가능성이 반대 방향으로 움직여서 끝없이 추락한다. 따라서 우주의 법칙과 잠재의식을 모른 채 무턱대고 공부하는 것은 진실로 위험한 일이다.

부자는 잠재의식을 바꾸는 배움을 지속한다. 부자는 실용기술이나 노하우를 공부하는 것은 배움의 지엽적인 부분이라 생각한다. 물론 이런 공부가 무의미한 것은 아니다. 하지만 그것만으로는 진짜 부자가 될 수 없다. 잠재능력 계발을 위한 광범위한 독서와 다양한 세미나는 의식 변화의 중요성을 일깨워준다. 이것이 배움의 근본 원칙이다.

그다음 공부는 교양을 쌓는 일이다. 교양이란 문학이나 예술, 인문과학, 철학 등의 분야를 말한다. 교양은 순간순간 변하는 현실적인 문제에 즉각적으로 대응하기에는 역부족이다. 하지만 교양은 배움의 기반을 다지는 주춧돌로서 좁은 분야에서 눈을 돌리고 세상을 넓게 바라볼 수 있는 기회를 준다. 고대 로마의 문인이자 철학자인 마르쿠스 툴리우스 키케로Marcus Tullius Cicero는 "우리들은 인간이라고 불리지만 우리 중 인간성에 알맞은 학예를 통해 교양을 몸에 지닌 사람만이 인간이다"라며 교양 교육의 중요성을 강조하기도 했다. 인텔의 창업자 중 한 사람이자 반도체 발전이론 '무어의 법칙'으로 유명한 고든 무어Gordon Moore는 박사 출신의 고학력자이자 교양인이다. 또 세계적인 컴퓨터 제조회사 델을 창업한 마이클 델과 태블릿 단말기로 유명한 에이수스테크 컴퓨터의 CEO 조니 시Jonney Shih 역시 상당한 식견을 갖추었다.

생전의 스티브 잡스는 소크라테스와 한나절을 보낼 수 있다면 애플이 가진 모든 기술을 줄 수 있다고 했다. 잡스에게는 애플의 모든 기술을 줘버려도 그보다 더 많은 것을 다시 얻을 수 있다는 확신이 있었다. 철학자의 통찰력을 받아 시선의 높이를 최고도로 높이면, 지금까지와 비교할 수 없는 큰 성취를 이룰 수 있다고 여긴 것이다. 일상을 반복적으로 살아가는 개인은 각자가 가진 시선의 높이 이상의 성취를 해낼 수 없다.

시선의 높이가 부와 삶의 질을 결정한다. 철학적 시선은 인간이 지적으로 가질 수 있는 시선 가운데 가장 높다. 시선이 높아지면 영향력과 통찰력이 넓어지고 관념으로부터 자유로울 수 있는

'자유의지'가 발현된다. 이는 곧 세상을 살며 유연하게 대처할 수 있는 창조적 기술로 이어진다. 잡스는 그 비밀을 알았던 것이다.

경제적으로 성공을 거둔 사업가들은 세세한 전문지식 없이도 교양 공부를 통해 사람들을 기쁘게 하는 방법, 새로운 기술을 비즈니스에 활용하는 방법 등의 본질적인 부분을 정확하게 이해하고 업무에 응용한다. 부자들에게 교양은 일종의 유희이자 자신의 부와 영향력을 오랫동안 유지할 수 있게 해 주는 특권이다.

다음으로 공부해야 할 분야는 재테크다. 경제적 자립을 위해서는 부동산, 주식, 세금, 환율 등 다양한 분야의 책을 읽어야 한다. 이런 실용도서는 돈의 원리와 개념을 정확히 이해하고 자본주의 사회에서 당면하는 문제를 해결하는 데 도움을 준다. 그런데 급하게 돈을 벌기 위해 재테크 도서만 읽는 사람들이 있다. 이렇게 되면 이미 경영환경은 바뀌었는데 남이 하던 과거의 방식을 따라 하는 것밖에 되지 않는다.

세계적인 투자자 짐 로저스Jim Rogers 회장은 재테크뿐만 아니라 자기계발서 심지어는 스티브 잡스 전기도 읽지 않았다. 대신 그는 역사책과 위인전, 사회과학과 정치 관련 명저들을 읽었다. 주식시장은 국제 정세, 사회 문화, 정치 이해관계가 복합적으로 얽힌 결과물이기 때문이다.

마지막으로 중요한 것은 자신과 맞는 전공을 선택하는 것이다. 주식, 부동산, 채권, 환율 등 경제에 관련된 책을 닥치는 대로 읽기만 한다고 투자에 대해 눈이 뜨이는 것은 아니다. 부자가 되기 위해서는 한 분야에 정통하여 나만의 주요한 무기를 갖추어야 한다.

워런 버핏, 피터 린치, 존 보글, 벤저민 그레이엄, 필립 피셔 등 크게 부를 이룬 사람들 역시 주식이라는 한 분야에 초점을 맞추었다. 주식 한 분야만 하더라도 실전 투자를 위해 공부해야 할 것이 굉장히 많다. 한편 부동산에 정통한 부자로는, 370억 달러를 보유한 중국의 최고 부동산 부호 쉬자인許家印 헝다恒大그룹 회장, 개인 자산이 약 30조 원인 홍콩의 부동산 재벌 리카싱李嘉誠 청쿵 그룹 회장이 있다.

부자가 되고 싶어 찾아오는 이들에게 부자들이 꼭 하는 말이 있다.

"인생의 한 시기를 혹독하게 살아야 평생이 여유롭습니다."

부자에게 공부는 필요충분조건이다.

부자에게 공부는 돈보다 중요하다

부자들에게 현상유지는 쇠퇴를 의미한다.

그래서 공부는 더욱 중요하다.

특히 가용성 편향에서 벗어나기 위해

자신과 다르게 생각하는 사람들의 경험을 공유하고

돈의 원리뿐만 아니라 다양한 영역을 폭넓게 공부해야 한다.

부자들에게 공부는 자신의 부와 영향력을

오랫동안 유지할 수 있게 만드는 특권이다.

5.

부자는 이렇게
원하는 것을 얻어낸다

○ 세상에서 가장 빨리 돈 버는 법

억만장자들로 손꼽히는 비아콤VIAC의 창업자 섬머 레드스톤Sumner Murray Redstone, 버진그룹의 회장 리처드 브랜슨Richard Charles Nicholas Branson, 21세기 폭스의 설립자이자 회장인 루퍼트 머독Keith Rupert Murdoch, 빌 게이츠, 스티브 잡스의 공통점은 뭘까? 바로 소문난 협상의 귀재들이라는 것이다.

부자 사이에서 협상교육이 인기를 끌고 있다. 가장 큰 이유 중의 하나는 협상에 적용되는 기본원리가 단순히 테이블의 양쪽에 앉아 협상 조건을 주고받는 상황뿐 아니라 한 인간이 영위하는 모든 대화의 과정에 그대로 적용되기 때문이다. 부부간의 대화, 부자간의 대화, 직장동료와의 대화, 고객과의 대화, 심지어 원수와의 대화에 이르기까지 모든 대화에 협상의 기본 원리가 적용된다. 세계 최고의 협상전략가로 꼽히는 허브 코헨Herb Cohen도 "인생의 8할은 협상이다"라고 하면서 우리의 인생은 끝없는 협상임을 강조했다.

부자들이 협상교육을 중요하게 여기는 다른 이유는 협상이 가져다주는 가치가 매우 크기 때문이다. 최근 미국의 신용평가 회사인 S&P의 통계에 의하면 기업의 세후 평균 순수익의 마진율이 4퍼센트 선에 불과하다고 나타났다. 대개 10퍼센트 이상의 마진율이 일반적이었으나 저성장의 경제줄기를 타고 지속적으로 축소되고 있다.

이처럼 경쟁이 치열해질수록 협상에 대한 비중은 더욱 높아진다. 세후 순수익이 10퍼센트 이상의 마진율인 경우에는 판매자와 구매자가 1퍼센트를 더 가져가기 위해서 치열한 협상을 하지 않는다. 그러나 마진율이 4퍼센트인 상황에서는 1퍼센트 차이가 매우 크기 때문에 치열한 협상을 할 수밖에 없다. 이런 의미에서 부자들에게 협상은 '세상에서 가장 빠르게 돈을 버는 방법'이라고 해도 과언이 아니다.

○ 상대의 '요구'가 아닌 '욕구'에 집중하라

철강왕으로 불리며 세계 최고의 부자가 된 앤드류 카네기Andrew Carnegie에게 예일대에 다니는 두 조카가 있었다. 그들은 학업과 개인 생활로 바쁜 탓인지 집으로 연락하는 일이 점점 뜸해졌다. 그러자 형수는 두 조카에 대한 걱정으로 병이 날 지경에 이르렀다. 이 사실을 안 카네기는 조만간 조카들에게 연락이 올 거라고 호언장담했다.

그는 조카들에게 형식적인 안부편지를 쓰고 편지 말미에 5달러를 보낸다는 문구를 적어 넣었다. 물론 편지에는 돈을 넣지 않았다. 곧바로 조카들에게서 답장이 왔다. 편지의 추신란에는 이렇게 쓰여 있었다.

"보낸다고 하신 돈을 받지 못했습니다. 착오가 있는 것 같은데 괜찮으시다면 다시 한번 부쳐주세요."

데일 카네기Dale Carnegie가 지은《인간관계론How to Win Friends & Influence People》에 나오는 내용이다. 대부분 상대방의 마음을 움직이려고 애쓰지만 쉽지 않다. 그러나 카네기처럼 사람의 마음을 움직이는 원리, 즉 협상의 기본 원리를 이해하면 문제를 쉽게 해결할 수 있다.

예를 들어, 중고차를 사러 온 30대 후반의 손님에게 3,000만 원짜리 '벤츠 A-클래스'를 권하는 딜러의 경우를 보자. 손님은 "차를 싸게 달라"고 요구하고 딜러는 "이미 충분히 할인돼 더 싸게 줄 수 없다"고 대답한다. 이런 경우에는 '요구Position'보다 '욕구Interest'에 집중하면 협상이 쉽게 타결된다. 요구와 욕구에는 어떤 차이가 있을까?

손님은 "3,000만 원은 비싸니 조금 깎아서 2,600만 원에 해주세요"라고 하는 반면 딜러는 "3,000만 원 미만은 손해 보는 장사입니다"라면서 가격으로 서로 밀고 당기기를 한다. 이것은 요구에 초점을 맞춘 협상이다. 협상을 못하는 딜러는 3,000만 원과 2,600만 원의 중간인 2,800만 원 선에서 가격을 타결할 가능성이 높다.

하지만 경험이 많은 노련한 딜러는 손님이 싸게 달라고 하면 바로 가격을 따지기보다는 일단 차나 한잔하자고 불러 앉힌다. 그리고 함께 차를 마시면서 손님이 차를 구매하는 이유가 무엇인지, 기혼인지 미혼인지, 생활에서 자동차에 얼마나 가치를 두는지 등을 알아보며 구매 의도를 파악한다. 이처럼 손님이 미처 생각지 못했던 이 차의 유용성을 설명하는 것이 욕구다. 노련한 딜러는 구매자의 요구_{가격}보다는 욕구_{구매의도}에 집중한다. 앤드류 카네기가 편지 말미에 5달러를 보낸다는 문구를 적어 넣은 것도 조카의 욕구를 공략한 방법이었다.

안타깝게도 대부분의 사람들은 서로의 입장 차이, 즉 요구에 치중해서 불만과 분노 등의 부정적인 감정에 빠진다. 이렇게 되면 협상은 협상이라는 이름의 감정싸움, 논쟁, 말다툼으로 변질되어 심하면 투쟁에 가까워진다. 이런 문제를 해결하기 위해서는 요구와 욕구의 차이에 대해 이해하고 상대의 욕구를 충족하는 데 집중해야 한다.

허버트 애스퀴스Herbert Henry Asquith는 영국의 국력이 최전성기 수준이었던 1908년에 총리를 맡아 제1차 세계대전이 한창이던 1916년 자리에서 물러났다. 마거릿 대처가 1988년 기록을 깨기 전까지는 역대 최장수 총리였다.

누군가 애스퀴스에게 물었다.

"같은 시기에 전쟁을 겪었던 지도자들이 하나둘씩 역사의 무대에서 사라졌는데도 당신만은 여전히 권력의 핵심에 있습니다. 비결이 무엇인가요?"

"내가 오랫동안 권력과 명예를 유지할 수 있었던 비결은 바로 물고기를 낚을 때 물고기가 좋아하는 미끼를 던져두었기 때문입니다."

강조하건대 협상의 종착지는 반드는 '욕구의 일치점'이어야 한다. 협상 과정 중에 발생하는 포지션 논쟁은 실제로 아무런 의미가 없다. 그렇다면 어떻게 하면 포지션 논쟁을 넘어 욕구의 일치점으로 나아갈 수 있을까?

두 명의 남매가 하나의 케이크를 서로 많이 먹기 위해 다투고 있다. 이 케이크를 다툼 없이 가장 공정하게 나누어 먹을 수 있는 방법은 무엇일까? 문제는 '누가 케이크를 자르는가'다. 두 아이 모두 상대방이 똑같이 자르지 않고 작은 덩이를 줄까 봐 의심하며 서로 자르겠다고 우기고 있다. 상황은 엄마가 등장하고 나서야 정리되었다.

엄마는 남매 중 한 아이가 케이크를 자르면 다른 아이가 먼저 케이크를 선택할 수 있다고 했다. 그러면 자르는 아이는 최대한 공평하게 자를 수밖에 없고, 고르는 아이는 자신이 원하는 조각을 선택할 수 있기 때문에 양쪽 모두 불만이 없어진다.

일상에서 우리는 함께 해야 할 목적을 달성하기 위해 한마음이 되어 상호이익을 추구한다. 협상도 그래야 한다. 내가 욕구를 충족할 수 있다면 상대방도 그럴 수 있는 여지를 남겨야 한다. 나만 이익을 취하고 상대방에게 아무것도 주지 않으려고 하면 협상의 기회조차 상실되며 궁극적으로 지속적인 부를 축적할 수 없다. 그것을 아는 부자는 반드시 최선을 다해 상대가 원하는 욕구를 충족할 수 있는 쪽으로 협상한다.

○ 투자자가 기꺼이 돈을 대게끔 만들려면

대부분의 사람들은 협상을 통해 단 한 가지 방법만을 제시한다. 그러나 상대방과 나 둘 다 요구보다 욕구에 초점을 맞추면 열에 아홉은 양쪽 모두가 만족하는 대안을 찾아낼 수 있다. 이 대안을 협상 용어로 '창조적 대안creative option'이라고 한다. 부자들은 얼마 안 되는 파이를 놓고 다투는 데 시간을 소비하기보다 창조적 대안을 통해 파이를 더 크게 만들기 위한 방법을 모색한다.

파나소닉Panasonic의 창시자이자 일본에서 경영의 신으로 불리는 마쓰시타 고노스케松下幸之助는 소문난 협상의 귀재다. 마쓰시타는 자기 혼자 해결할 수 없는 일에 대해서는 상대방과 정면으로 협상하여 눈앞의 위기를 기회로 만드는 협상력을 발휘한다. 파나소닉의 전신인 마쓰시타 전기산업은 사업 초창기에 시장 점유율이 낮았다. 마쓰시타는 판매로를 늘리기 위해 직접 각지의 대리상을 만나기로 했다. 그는 각지의 대리상을 사업교류회에 초대해 비장한 목소리로 다음과 같이 말했다.

"지금까지 여러분의 도움이 있었기 때문에 저희 회사가 이만큼 발전할 수 있었습니다. 송구하지만 저는 여러분에게 한 가지 부탁을 드리고자 합니다. 앞으로는 저희 제품을 최고가로 구매해주시기 바랍니다."

이 이야기를 들은 구매상들은 비웃거나 기분이 언짢은 표정을 지으며 웅성댔다.

"이봐요. 지금 당신은 제정신입니까? 제품이 이류인데 어떻게 최고가로 사달라는 말입니까?"

기다렸다는 듯이 마쓰시타는 다음과 같이 대답했다.

"여러분께서 하신 말씀의 의미를 잘 알고 있습니다. 아시다시피 지금 일본에는 최고의 전구를 생산하는 회사가 하나 있습니다. 그 회사는 시장을 독점하고 있기 때문에 여러분은 그 회사가 얼마를 부르든 어쩔 수 없이 그 가격에 사고 있습니다. 그렇지 않습니까?"

"맞아요. 그곳이 아니면 살 데가 없으니 부르는 게 값이에요. 뭐라 불평도 못하고 얼마나 갑질을 하는지 원, 하지만 전구가 거기밖에 없으니 어쩌겠어요?"

의도대로 협상이 풀리자 마쓰시타는 빠르게 응대했다.

"사실 여러분께 특별히 알려드리자면 저희는 그 회사보다 더 좋은 품질의 시제품을 최근에 완성했습니다. 하지만 신생 회사다 보니 자금이 부족해서 대량생산을 못 하고 있습니다. 만약 여러분께서 최고가로 저희 제품을 구매해주시면 그 돈으로 최고의 제품을 생산하여 독점을 붕괴시키고 제품을 합리적이고 공정한 가격으로 구매할 수 있는 시장구조를 만들겠습니다."

대리상의 입장에서 당장은 비용이 추가될 수 있겠지만 장기적인 관점에서 보면 마쓰시타의 제안은 오히려 경제적이었다. 먼 미래를 보고 공동의 이익을 추구하고자 하는 마쓰시타의 제안에 대리상들은 모두 동의했다.

이후 최고의 제품을 대량생산하는 데 성공한 마쓰시타는 자신을 지지해준 대리상들에게 가격 혜택으로 보답했고, 마쓰시타 전기는 소니, 도요타, 도시바와 더불어 일본의 4대 다국적 기업인 파나소닉으로 성장했다.

훌륭한 협상가는 자기의 이익뿐만 아니라 상대의 이익도 존중한다. 그리고 이를 통해 공동의 이익을 찾아 모두를 만족시키며 장기적인 관계로 나아간다.

2021년 12월 기준 시가총액 2조 7,000억 달러인 애플이 글로

벌 시가총액 1위를 차지하게 된 배경에도 스티브 잡스의 협상력이 있었다. 차고에서 스티브 워즈니악Steve Wozniak과 창업한 스티브 잡스는 회사 자금을 확보하기 위해 투자사를 찾고 있었다. 당시 애플 컴퓨터란 회사는 히피 촌놈들의 황당한 꿈으로 시작했을 뿐 '퍼스널 컴퓨터'의 꿈을 이해한 사람은 전무했다. 이때 잡스는 인텔Intel에서 스톡옵션을 행사해 백만장자가 된 전문 경영인인 마이크 마쿨라Mike Markkula를 만나게 된다.

첫 미팅에서 잡스는 애플 컴퓨터의 개발 계획과 개인용 컴퓨터 시장에 대한 이야기를 풀어놓았다. 이때 잡스는 "5년 안에 애플 컴퓨터가《포춘》500대 기업에 들어갈 것"이라고 호언장담했다. 마쿨라는 다른 투자자들과 달리 잡스의 컴퓨터 이야기를 끝까지 들어줬다. 그는 그 자리에서 잡스에게 투자를 제의했다.

"9만 달러를 투자할 테니 차차 진행해봅시다."

적은 돈은 아니지만 잡스는 추가 제안을 제시한다.

"죄송하지만 9만 달러로는 부족해요."

마쿨라는 당황한 듯 반응했다.

"차고로 찾아올 다른 투자자는 없을 텐데?"

잡스는 빠르게 대응했다.

"아니요, 우리에게는 충분하지만 마쿨라 씨에게는 부족한 거죠. 9만 달러 잘 받겠습니다. 거기에 25만 달러를 이자 10퍼센트의 조건으로 빌려주신다면 순익 발생 시점에 30만 달러로 갚도록 하죠."

"좋습니다."

양측의 이익을 모두 만족시키는 잡스의 협상력은 동아리 수준
이었던 애플을 주식회사로 변모시킨 결정적 계기가 되었다.

도널드 트럼프가 막대한 빚으로 재정위기를 맞았을 때 은행을
대상으로 활용했던 협상 방법 역시 창조적 대안이었다.

"은행가 여러분, 만일 제게 문제가 있다면, 귀하에게도 문제가
생긴 셈입니다. 우리가 같이 협력해서 해결책을 찾아내지 못하면
둘 다 어려움에 봉착할 수 있습니다."[29] 실제로 시티뱅크와 같은
대출은행은 트럼프를 계속 지원해야 했다. 시티뱅크가 트럼프에
대한 지원을 중단하면 은행 자체도 무너질 수 있기 때문이었다.

○ '열린 질문'에서 모든 것이 시작된다

잡스, 마쓰시타, 트럼프의 사례에서 보듯 부자들은 항상 양측
모두에게 이익이 되는 창조적 대안을 개발하기 위한 방법을 강구
한다. 그들은 창조적 대안을 개발하기 위해서 다음과 같은 습관
을 지니고 있다.

첫 번째, 상대의 욕구를 알기 위해 열린 질문을 한다. 빈자는 닫
힌 질문을 통해 자신의 주장을 확인·확신하려고 한다. 닫힌 질문
으로는 상대의 숨은 욕구를 파악할 수가 없다. 반면 부자들은 열

린 질문을 통해 상대가 대답하고자 하는 범위의 폭을 넓혀 많은 정보를 쏟아내게 한다. 창조적 대안은 상대의 욕구를 파악하고 그 욕구를 충족시켜야 가능하기 때문이다.

영국 싱크탱크 경제경영연구소CEBR에 따르면 빈자는 전체 협상에서 8.3퍼센트 질문하고, 부자와 숙련 협상가는 24.5퍼센트 질문하는 것으로 나타났다. 빈자과 부자의 질문 비율이 3배나 차이가 났다.

세계 최대 헤지펀드인 브릿지워터 어소시에이츠BWS의 설립자이자 세계에서 가장 영향력 있는 100인으로 선정된 투자가인 레이 달리오Ray Dalio도 질문의 중요성을 강조한다.

"질문은 당신이 원하는 것을 얻게 해 줄 뿐만 아니라 결국 부의 본능을 일깨우는 도구가 된다. 그렇다면 원하는 것을 손에 넣기 위해 어떤 질문을 해야 하는지 정확히 파악해야 하지 않을까?"

질문은 협상에서도 유용하지만 리더십에도 전방위적으로 활용된다. 세계적인 비영리 리더십 교육기관인 창조적리더십센터CCL가 성공한 리더 191명을 대상으로 조사한 결과 상위 7개 항목 중 질문과 관련된 항목이 3개나 됐다.

1위: 질문하는 리더가 성공한다.

4위: 유능한 리더는 서로 질문하는 분위기를 만든다.

6위: 질문할 기회를 놓치지 말아야 성공한다.

두 번째, 한 가지 해답을 찾기보다는 대안의 폭을 넓힌다. 최근 스타트업부터 대기업까지 너나 할 것 없이 인재 전쟁에 뛰어들면서 인재 확보가 초미의 관심사로 떠올랐다. 지식정보화시대로 요약되는 21세기 경영의 성패는 효율적인 시스템을 작동시켜 창조적인 일을 해내는 인재 풀에 달려 있기 때문이다. 마이크로소프트의 빌 게이츠 회장은 회사에 꼭 필요한 사람이라고 판단이 되면 해외 출장은 물론 자신의 전용 헬기를 보내 면접을 보게 한다. 이와 같은 원리가 협상에도 적용되어야 한다. 현명한 결정의 핵심은 많은 수의 다양한 대안 중에서 가장 현실적인 것을 고르는 것이다.

세 번째, 주제의 범위를 넓힌다. 상당수의 빈자들은 획일화된 사고방식에 갇혀 산다. 빈곤과 고정된 삶의 울타리에 갇혀 지금이 최선임을 확신하고 확장보다 지키기에 급급하다. 또한 창조적 대안을 개발해내는 것은 협상 과정의 일부가 아니라고 생각한다. 즉, 자신들이 해야 할 일은 서로 간의 입장 간격을 좁히는 것이지 가능한 선택지의 폭을 넓히는 것은 아니라고 판단한다. 결국 처음부터 유일한 최고의 해답만을 찾음으로써 가능성 있는 수많은 답 가운데 해답을 선택하는 현명한 결정 과정을 없애버리기 쉽다. 이런 빈곤한 마음과 획일화된 사고방식으로는 절대 부자가 될 수 없다.

반면 부자는 제한된 범위 내에서 합의하기 어려울 경우 논의의 주제를 더욱 넓혀서 합의를 더욱 매력적으로 만든다. 단순히 돈이 많기 때문에 이런 여유를 부리는 것이 아니다. 가난한 삶 속에서 창조적 대안을 만들기 위한 노력을 하지 않았다면 오늘날 우리가 알고 있는 오프라 윈프리Oprah Gail Winfrey와 코비 브라이언트Kobe Bryant는 존재하지 않았을 것이다.

네 번째, 상대방의 결정을 쉽게 해준다. 성공적인 협상은 상대방이 당신을 바라보는 결정을 하는 데 달려 있으므로 그 결정을 쉽게 만들기 위해 할 수 있는 모든 일을 해야 한다. 즉, 상대방이 가능한 한 고민 없이 선택할 수 있도록 해주어야 한다. 자신의 입장만 고려하는 근시안적 태도로는 결코 창조적 대안을 개발할 수 없다.

세계의 부를 지배하고 있는 유대인들은 "협상할 때는 얻을 수 있는 것을 최대한 많이 얻어야 하지만 혼자서 모든 것을 독차지해서는 안 된다"라는 원칙을 지니고 있다. 합리적인 범위에서 상대방의 마음에 들 만한 '떡' 하나쯤은 결정할 수 있게 하는 것이 좋다. 그래야만 협상에서 더 큰 이득을 볼 수 있다.

빈자와 부자가 어떻게 협상하는지 그 차이를 살펴보자. 필자가 빈자와 부자들을 대상으로 직접 협상교육과 컨설팅, 실제 협상을 진행하던 중 경험했던 특징을 중심으로 기술했다.

빈자의 협상법	부자의 협상법
· 자신의 욕구를 쉽게 드러내고 요구에만 얽매인다.	· 서로의 욕구가 얼마나 다른지 파악한다.
· 첫 제안을 바로 수락한다.	· 첫 제안을 높게 제시해 상대를 당황시킨다.
· 일관성 없이 상대를 압박한다.	· 객관적 기준을 강조하며 일관성 있는 태도를 유지한다.
· 불평불만을 쉽게 이야기한다.	· 대안의 폭을 넓히며 창조적 대안을 제시한다.
· 금액에만 집착한다.	· 금액 외에 다른 아젠다를 제시한다.
· 어림잡아 협상에 임한다.	· 기준과 근거를 마련하여 협상에 임한다.
· "얼마를 드리면 될까요?"라고 묻는다.	· "그 가격을 제시하는 이유가 무엇입니까?"라고 묻는다.
· 물건을 팔고 싶은 마음에 저렴한 가격을 부른다.	· 협의 가능, 절충 가능이라는 말은 절대 쓰지 않는다.
· 구체적인 협상 전략을 수립하지 않고 준비에도 소홀하다.	· 다양한 협상 전략을 공부하고 협상 준비에 상당한 시간을 투자한다.

Point 🖋

부자는 항상 상대에게 열린 질문을 한다

부자는 열린 질문을 통해 상대의 요구보다 욕구에 집중한다.

또한 한 가지 해답을 찾기보다 양측 모두에 이익이 되는

창조적 대안을 개발하기 위한 방법을 항상 강구한다.

6.

부자는 돈으로 해결할 수 없는 것에 집중한다

 ○ 매달 인센티브 1,000만 원을 받을 수 있다면?

돈은 삶의 중요한 화두다. 우리는 일상 속에서 늘 돈을 보고, 돈에 대해 생각하고, 돈에 대한 감정을 부여한다. 돈만 있으면 할 수 있는 일들이 너무나 많다. 하지만 심리학의 관점에서 보면 돈은 한계를 드러내기도 한다.

경영자들은 돈으로 직원들을 격려하곤 한다. 이때 보상의 금액이 높을수록 성과도 올라갈까? 금액이 커질수록 사람들은 오히려 한숨을 내쉴지 모른다.

미국의 만화 《딜버트Dilbert》를 아는가? 세계적 만화작가인 스콧 애덤스Scott Adams가 1989년 4월 16일부터 시작해 지금까지 매일 웹사이트에 업로드되고 있으며, '유나이티드 피처 신디케이트United Feature Syndicate'를 통해 전 세계 65개국의 25개 언어로 2,000여 개의 신문에 연재되었다. 이런 상상을 해보자. 만약 스코트의 상사가 "월말 조회 수가 평균 이상을 넘으면 인센티브로 1,000만 원을 주겠다"라는 제안을 했다면 오늘날 딜버트의 역사가 만들어졌을까?

매달 웹 사이트에 연재하기 위하여 고군분투하는 시기에 상사가 건 돈을 떠올리는 것이 과연 실력을 온전히 발휘하는 데 도움이 될까? 오히려 금전적 보상이 실력 발휘를 저지하기도 한다.

독일의 심리학자 칼 던커Karl Duncker는 '양초 실험'에 참가한 사람들에게 다음의 문제를 냈다. 주어진 압정 한 상자, 양초 하나, 성냥을 이용해 합판벽에 양초를 세우되, 촛농이 바닥에 떨어지지 않게 해보라는 문제였다. 실험은 대상자들을 두 그룹으로 나누어 진행되었는데, A그룹에게는 이 문제를 해결하는 데 얼마나 시간이 걸리는지 측정한다고 했고, B그룹에게는 문제를 가장 빨리 해결하는 사람에게는 20달러를 지급하겠다고 했다.

실험 결과 A그룹이 3분 30초 더 빨리 문제를 해결했다. 이번에는 같은 실험이지만 약간의 변화를 주었다. 앞선 실험에서는 압정이 상자 안에 들어 있었지만 두 번째 실험에는 압정을 일부러 상자에서 빼놓았다. 참가자들은 재료가 압정, 양초, 상자, 성냥 네 종류인 것을 한눈에 인식할 수 있었다. 두 번째 실험 역시 첫 번째 실험처럼 A그룹은 시간만 측정하고 B그룹에게는 금전적 보상을 한다고 했다.

그 결과 두 번째 실험에서는 첫 번째 실험과 정반대의 결과가 나왔다. 보상을 받는다고 이야기해준 B그룹이 문제를 더 빨리 해결한 것이다. 그 이유는 앞서 첫 번째 실험에서는 압정을 상자 안에 담아두어 상자의 역할을 얼른 알아채지 못하게 했지만, 두 번째 실험에서는 압정을 상자 밖에 꺼내두어 상자의 다른 용도를 암시해 두었기 때문이다.

즉 첫 번째 실험은 두 번째 실험보다 창의성을 요구했다. 단순하고 명확한 작업을 수행할 때는 보상이 위력을 발휘하지만 고도의 기술이나 창의력을 요구하는 문제를 해결할 때 금전적인 보상은 오히려 시야를 좁게 만들어 정상적인 실력을 발휘하지 못하게 만든다. 금전적 보상이 자율적 의지와 집중력을 분산시키는 요인으로 작용하기 때문이다.

경영자들이 나에게 정말 많이 물어보는 질문이 있다. "어떻게 하면 직원들이 일에 재미를 붙일 수 있을까?"다. 의외로 이 질문에 대한 해답은 간단하다. 심리학과 학생들이 기본적으로 배우는 심리학 개론 초반부에 기술된 '인지 부조화Cognitive Dissonance 현상'에 정답이 있다.

미국의 심리사회학자인 레온 페스팅거Leon Festinger 교수는 스탠포드대 학생들을 대상으로 한 시간 가까이 따분한 일을 시킨 후 다음과 같이 부탁했다.

"자네 다음에 들어오는 학생에게 했던 일이 의외로 꽤 재미있었다고 거짓말을 좀 해주게."

교수는 학생들을 두 그룹으로 나누어 거짓말의 대가로 A그룹은 20달러를 줬고, B그룹은 단돈 1달러만 줬다. 이 실험에서 중요한 건 20달러를 받은 그룹과 1달러를 받은 그룹에게 일주일 후 다시 찾아가서 "일주일 전에 자네가 했던 그 과제를 다시 한번 해 볼 의향이 있는가?"라고 물어보았을 때의 반응이다.

결과는 극단적으로 갈렸다. 20달러를 받은 A그룹은 "미쳤어요? 내가 그걸 왜 합니까?" 라고 반응했다. 그런데 1달러를 받은 B그룹은 "의외로 재밌었던 것 같아요. 다시 해보겠습니다"라고 반응했다.

어떻게 이런 일이 벌어졌을까? 20달러를 받은 A그룹은 자신이 다음 순서를 기다리는 학생에게 거짓말을 해야 하는 충분한 이유가 있었다고 생각한다. 하지만 1달러만 받은 B그룹은 자신이 고작 1달러의 대가를 바라고 거짓말을 했다는 것은 말이 안 된다고 생각한다. 이 때문에 오히려 자기 행동을 정당화하기 위해 '그 게임이 재미가 있었다'라는 식으로 태도를 역으로 바꾼다. 이렇게 사람들은 태도가 행동을 만들어내는 것이 아니라고 여긴다. 자신이 한 행동에 대한 보상에 따라 태도를 결정하는 것이다.

이렇듯 어떤 상황에 부딪혔는데 그로부터 이끌어낼 수 있는 합리적인 결론이 기존에 철석같이 믿고 있던 생각과 정면으로 모순될 때, 사람들은 합리적인 결론보다는 부조리하지만 자신의 기존 생각에 부합하는 생각을 선택한다. 이것이 바로 '인지 부조화 현상'이다. 인지 부조화 현상으로 인해 금전적 보상이 무의미해지거나 심지어는 역효과를 낳는 현상이 발생하기도 한다.

호주의 메타로 불리는 소프트웨어 기업 아틀라시안Atlassian은 금전적 보상의 굴레에서 벗어나 1년에 몇 번 회사의 엔지니어들에게 24시간 동안 정규 업무를 중단하고 그동안 하지 못했던 것이나 그 외 자유로운 일을 하도록 했다. 엔지니어들은 주어진 24시간 동안 코드를 수정하거나, 기발한 제품 아이디어를 착안해냈다. 효과가 크게 나타나자 아틀라시안은 자율 시간을 전체 일과 시간의 20퍼센트로 끌어올렸다.

직원들은 그 시간을 통해 시간과 기술의 주도권을 갖게 되어 성과를 높일 수 있었다. 주목할 만한 기업문화 중 하나인 쉽잇데이ShipIt Day는 참가자가 열정을 갖고 즐기는 일종의 경연대회다. 개인 혹은 단체로 참가할 수 있고 24시간 이후 모든 팀이 완성품을 발표한다. 이 중 가장 유용하고 참신한 프로젝트가 투표를 통해 우승을 차지하고, 뽑힌 프로젝트는 바로 고객에게 출시된다. 이와 같이 쉽잇데이는 직원의 창의성을 한껏 끌어올리고 사내 팀빌딩을 높이는 역할을 한다.

《장자莊子》에 이런 이야기가 나온다. 노나라의 한 솜씨 좋은 목수는 사람의 손으로 만든 물건이라고는 믿지 못할 정도의 정교한 물건을 만들어냈다. 하루는 노나라의 왕이 이 소식을 듣고 목수를 불러 특별한 술법을 사용한 것은 아닌지 물었다. 목수의 대답은 단호했다.

"저는 물건을 만들 때 머리에 잡념 하나 남기지 않고 온 정신을 집중하느라 이를 통해 얻게 될 금전적 보상과 명예까지 잊었습니다."

○ MZ세대가 원하는 공정한 보상

MZ세대가 대세다. 나노화로 불리는 개인주의, 집단이나 조직에 대한 가치와 성과에 우선하는 개인적 성취, 취향의 자유, 능력에 기반한 공정성 요구는 MZ세대의 핵심적 가치다. 특히 조직 내 공정성을 가장 중요한 원칙으로 생각하는 MZ세대가 주류 집단이 되면서 공정한 보상이 이슈의 중심에 있다.

2017년 구글 여성 개발자 4명은 동일 직무를 수행하는 남성 개발자들보다 낮은 임금을 받고 있다며 회사를 상대로 소송을 걸었고, 이 소송은 2021년 1만여 명의 구글 여성 직원이 대리인을 통해 참여하는 집단 소송으로 이어져 아직 진행 중이다.

공정한 보상을 위한 MZ세대의 집단행동은 국내에서도 적극적이다. SK하이닉스의 4년차 직원은 2021년에 지급된 성과급의 적정성과 지급 기준을 밝히라는 메일을 공개적으로 회사 대표에게 보냈고 많은 직원들은 댓글로 동조했다. 회사는 곧바로 성과급을 재조정했고 최태원 회장은 자신의 몫 30억 원을 포기했다. 이해진 네이버 창업자도 계속되던 노조와의 성과급 논란을 잠재우기 위해 향후 3년간 2,000억 원 상당의 스톡그랜트성과급 대신 주식을 무상으로 지급하는 것를 전 직원에 지급하겠다며 물러섰다.[30] 이러한 변화는 2021년 스위스의 보상관리 솔루션사 비콤Beqom의 조사에도 고스란히 드러났다. 직원의 58퍼센트는 급여 투명성이 높은 회사에서 일하기를 원하는데, 특히 MZ세대의 경우 그 수치가 70퍼센트 넘는 것으로 나타났다.

MZ세대가 공정한 보상에 더욱 민감한 이유는 무엇일까?

MZ세대는 심리학적으로 인지하는 시간에 대한 감각이 기존 세대와 다르다. 즉 한 조직에 오래 머물려 하지 않는다. 과거에는 한 직장에서 10년, 20년씩 장기 근속하며 자긍심도 높았고, 입사 초기에는 제대로 보상받지 못해도 언젠가 중간관리자 이상이 되면 지금까지의 수고를 보상받으리라는 믿음이 있었다. 하지만 MZ세대는 장기적인 조망에 따라 현재를 희생하지 않는다. 자신의 성장과 발전을 위한 곳이 있다면 이직하는 것이 당연하다고 생각한다.

더불어 한 조직에 장기근속하는 것은 무능력의 지표라고 생각하는 사람도 많다. 그렇기에 장기적이고 투명하지 않은 보상을 기대하기보다는 자신의 업무 성과에 걸맞는 투명하고 즉각적인 보상을 원한다.

일찍부터 시작된 경쟁과 끊임없는 평가 속에서 자란 MZ세대에게 공정한 보상은 생존의 문제다. 그래서 그들은 사람보다 시스템을 신뢰한다. 이들은 학창 시절 자신에 대한 선생님의 호의에 기대는 것보다 명확한 채점 기준에 따른 정확한 평가를 선호한다. 객관적인 평가와 냉엄한 입시제도를 경험했고 그보다 더 가혹한 취업문을 뚫고 입사한 MZ세대에게 공정한 보상은 조직에 요구하는 가장 기본적이고 당연한 가치가 되었다.

MZ세대의 요구를 더 깊이 파고들어가 보면 일반 직원과 임원의 임금 격차가 벌어지는 현실이 있다.

한 기업 평가 사이트 조사에 따르면 2020년 기준 대기업의 직원 1인당 평균연봉은 8,120만 원으로 집계됐는데, 미등기임원의 1인당 평균연봉은 3억 5,890만 원으로 직원보다 4.4배 많았다. 등기이사 평균연봉은 8억 7,010만 원으로 일반 직원의 10.7배였다. 이는 2019년 직원과 등기이사의 임금 차이 10.3배에서 격차가 더 벌어진 것이다.[31]

과거에는 임원의 임금수준을 구체적으로 알기 어려웠다. 하지만 지금은 전보다 쉽게 임원들의 임금수준을 알 수 있다. 그리고 이것이 공정한 보상주의와 결합해 MZ세대의 불만을 야기하게 되었다. 임원과 같은 사무실에서 근무하며 서로 어떤 일을 하는지 훤히 아는데, 자신이 받는 연봉이 임원 연봉의 반의반 정도라는 사실에 불만을 드러내는 것이다.

그렇다면 똑같이 나누면 공평하다고 느낄까? 내가 회사의 대표라고 가정해보자. 총 2,000만 원의 상여금을 실적이 특별히 우수한 10명에게 지급하려고 한다. 상여금을 지급하는 방법은 다음세 가지다. 첫 번째 안은 10명에게 똑같이 각각 200만 원의 현금을 지급하는 것, 두 번째 안은 200만 원에 준하는 20일의 휴가를 각자 보내게 하는 것이다. 세 번째 안은 200만 원 상당의 과일 20상자를 각각 지급하는 것이다. 이 중에서 어떤 분배방식이 공평한지 판단해보자.

세 종류의 안을 각각 실행한 결과 직원들은 돈을 똑같이 나눈 첫 번째 안에 대해서는 공평하지 않다고 생각했지만, 휴가나 과일에 대해서는 공평하다고 느꼈다.

금전적 가치로 따지면 똑같은 200만 원인데 왜 이런 결과가 나온 걸까? 휴가나 과일 같은 보상 방식은 모든 사람이 필요한 정도가 비슷한 '실용적인 성질'을 가진 데 반해 돈은 '교환적 성질'이 강하기 때문이다. 따라서 다른 재화와 달리 돈은 성과에 대한 기여도나 노동의 양에 비례해 분배하는 것이 더 공평하다고 인식된다. 즉 동일 가치·동일 임금이 중요하다는 의미다.

가령 1,000만 원을 가지고 어려운 동네 주민들에게 모두 똑같이 나눠주는 방식은 최선이 아니라고 생각될 것이다. 그보다는 가정 형편이 제각각 달라 더 못사는 사람에게 더 주고, 잘사는 사람에게 덜 주는 것이 공평한 방법에 가깝다. 하지만 1,000만 원이 아니라 사과 50박스를 가지고 가서 집마다 같은 개수를 나눠 주는 것은 공평한 방법처럼 느껴질 것이다.

MZ세대는 똑같이 나눈다고 해서 언제나 공평하다고 생각하지는 않는다. 물론 보상의 불일치를 식별하고 격차를 해소하려는 노력은 수반되어야 하지만 그것이 교환적 가치의 성질이 더 강한 돈이라면 동등하게 나누는 것이 꼭 좋은 방법이라고는 할 수 없다. 따라서 MZ세대의 수용성을 확보하기 위해서는 연령이나 근속 연수에 영향을 많이 받는 연공서열식 호봉급 제도를 개선해야 한다.

한국경제연구원이 매출액 600대 기업을 대상으로 조사한 결과 호봉급을 따르는 기업이 63.4퍼센트로 압도적이었다.[32] 세상은 빠르게 변하고 있는데 기업은 여전히 낡은 제도를 고집하고 있는 것이다.

제4차 산업혁명은 기업에서 축적된 경험의 중요성보다 새롭고 창의적인 아이디어를 더욱 요구한다. 개성과 창의성의 성패를 쥐고 있는 MZ세대가 조직에 머물길 원한다면 현재 조직의 걸림돌을 제거하지 않을 이유가 없다.

MZ세대의 특성과 공정함의 기준을 제시하는《페어 플레이어 Art of Fairness》《공정한 보상》의 심리학 책을 참고해보자.

○ 돈을 벌려면 사람들의 '심리적 회계장부'를 들여다보라

2021년 기준 전국 만 18세 이상 스마트폰 사용률은 95퍼센트에 달한다. 그렇다면 스마트폰 교체 주기는 얼마나 될까?

최근 8년간 스마트폰 교체 주기가 28개월이었다. 연령대별로 비교하면 사용기간이 가장 짧은 연령대는 MZ세대다. 20대는 25.9개월, 30대는 27.4개월이다. 이는 일본 30개월, 미국 33개월보다 짧고 OECD 국가 중에서는 단연 상위권에 해당된다. 스마트폰 교체 이유로 성능 저하와 고장을 들기는 했지만 최신 스마트폰을 쓰고 싶은 심리가 적잖은 영향을 미쳤다.

한국의 스마트폰 제품 교체 주기가 빠른 이유가 무엇일까? 바로 '보상판매'다. 보상판매는 보통 신제품 출시에 맞춰 진행된다. 신규 구입이나 교체 수요가 높은 시즌을 겨냥한 것이다. 쓰던 제품을 할인 혜택과 맞바꾸기 때문에 소비자는 저렴한 가격에 필요한 물건을 구입할 수 있고, 판매자는 신제품 마케팅에 큰돈을 들이지 않으면서도 홍보·판촉 효과를 높일 수 있다.

최근에는 자본가의 부 축적 방법으로 보상판매가 전략적으로 이뤄지고 있다. 스마트폰과 같이 보상판매가 일반화된 제품에서부터 냉장고, 세탁기 등 가전제품, 카메라, 자동차, 가스보일러, 신발, 청바지에 이르기까지 업종을 불문하고 다양한 분야에서 보상판매를 한다. 특히 과거에는 같은 회사 제품으로만 보상판매 대상을 한정했지만 최근엔 타사 제품까지 포함하고 있다.

알고도 당하는 보상판매 전략, 소비자의 숨겨진 심리를 살펴보자. 다음의 두 상황에서 당신은 무엇을 선택할지 판단해보라.

A : 10만 원짜리 뮤지컬 공연 티켓을 사려고 공연장에 갔는데 현금 10만 원을 잃어버린 사실을 알았다. 10만 원을 잃어버리기는 했지만 티켓을 구매할 돈이 있다면 구매할 것인가?

B : 뮤지컬 공연을 보기 위해 공연장에 갔는데 어제 구매한 10만 원짜리 티켓을 잃어버린 사실을 알았다. 만약 티켓을 구매할 돈이 있다면 10만 원을 지불하고서라도 티켓을 재구매하겠는가?

결과를 살펴보면, 티켓을 다시 구매하겠다고 대답한 사람의 비율이 A그룹에서는 88퍼센트였지만 B그룹에서는 46퍼센트에 불과했다. 왜 이런 차이가 생긴 것일까?

두 그룹 모두 10만 원을 잃어버린 것은 동일하지만 결정적인 차이가 있다. 현금 10만 원을 잃어버린 A그룹은 처음으로 티켓을 구매하는 상황이지만 공연 티켓을 잃어버린 B그룹은 이미 구매했던 티켓을 한번 더 사야 하는 상황이라는 것이다.

똑같은 금액의 손실이 발생한 상황에서 '처음 구매하는 것'과 '다시 구매하는 것'에 서로 다른 심리적 반응이 나타나는 이유는 무엇일까? 그것은 바로 인간의 마음속에 회계장부가 들어 있기 때문이다.

가정에서 흔히 보는 가계부처럼 사람들의 마음속에도 '심리적 회계장부'가 존재한다. 그래서 사람들은 어떤 제품을 구매할 때, 제품별로 마음속에 회계장부를 만들어 제품 구매에 따른 비용과 혜택을 비교한다. 그런데 흥미로운 점은 지불한 비용만큼 혜택을 뽑아내지 못하면 이 심리적 회계장부를 적자로 마감하지 않으려는 기제가 강하게 작용한다는 사실이다. 사례처럼 10만 원짜리 공연 티켓을 잃어버린 사람이 티켓을 재구매하게 되면 기존에 만들어진 티켓 구매 비용의 회계장부가 적자로 마감되기 때문에 재구매 행위를 주저하게 되는 것이다.

스마트폰을 자주 바꾸게 해주는 보상판매 역시 심리적 회계와 관련이 깊다. 최신형 스마트폰이 출시되어 바꾸고 싶어도 기존에 쓰던 스마트폰이 고장 난 게 아니라면 선뜻 새 제품을 구매하기가 꺼려질 수밖에 없다. 기존 제품의 효용이 남아 있는 상태에서 최신형 스마트폰을 구매하면 기존 제품의 심리적 회계장부가 적자가 되기 때문이다.

이때 보상판매는 바로 이런 소비자의 심리적 불편함을 완화시켜주고, 최신형 스마트폰 교체에 대한 명분과 당위성을 제공한다. 아직 잔존 가치가 남아 있는 제품에 대한 소비자의 불편한 마음을 어루만져 줌으로써 새로운 제품을 구매하게 만들고 자본가의 지갑을 두툼하게 해주는 아주 쏠쏠한 마케팅 전략이다.

부자는 돈이 많은 사람이 아니라 돈이 무엇인지 아는 사람이다. 돈을 모으려면 돈의 속성과 돈과 연관된 사람들의 심리를 알아야 한다. 부자들은 말한다.

"부의 성공을 좌우하는 것은 금융 지식보다는 인간의 심리와 더 깊은 연관성이 있다."

Point

보상은 성과 기여와 노동의 양에 비례해야 한다

돈은 실용적 성질보다는 교환적 성질이 강하기 때문에

실행한 결과물에 대해 동일하게 보상하는 것을 공평하지 않다고 생각한다.

따라서 돈은 얼마나 성과에 기여했는지와 같은 노동의 양에 비례해

분배하는 것이 더 공평하다고 인식한다.

즉 동일 가치·동일 임금이 중요하다는 의미다.

7.

부자가 뛰어들
타이밍을 잡는 법

○ **빈자는 '나중에', 부자는 '지금'**

삶에서 가장 파괴적인 단어는 '나중'이고, 가장 생산적인 단어는 '지금'이라고 한다. 좀 더 직설적으로 적용하자면, 가난한 자들은 '나중'이라는 단어의 옷을 입고 있고, 부를 이룬 자들은 '지금'이라는 단어의 옷을 입고 있다.

인간이라면 누구나 부자를 꿈꾼다. 자수성가한 부자들은 목표를 세우고 그 목표를 우선순위에 올리고 그것을 달성하기 위하여 시간과 에너지를 쏟는다. 가난한 이들도 목표를 세우고 그것을 달성하기 위해서 시간과 에너지를 쏟는 건 마찬가지이다.

중요하지 않은 일을 아주 훌륭하게 해내는 가난한 이들을 많이 봐왔다. 이들은 사소한 일에서 성취 기록이 눈부시다.

부자학 전문가이며 베스트셀러 작가인 폴 멕케나Paul Mckenna는 부자들의 성공요인을 찾아내기 위해 수많은 백만장자를 인터뷰해서 성공전략을 6가지로 정리했다. 그중 하나가 실행력인데 성공한 기업가들은 대부분 새롭게 구상한 일이 있으면 24시간 내에 무엇인가를 실행한다는 것이다.

반면 빈자들은 "나중에 할게. 나중에 해줄게. 나중에 하면 되잖아"라며 끊임없이 "나중에!"를 외친다. 도대체 그 나중이란 언제일까? 사실 나중에 하겠다는 말에는 지금은 하기 싫다는 거부심리와 기약 없는 그 나중이 오기 전까지는 하지 않겠다는 강한 의지가 숨어 있다. 즉 새해부터는 매일 꾸준히 운동하겠다는 말은 새해가 되기 전까지는 침대와 한 몸처럼 붙어 있겠다는 뜻이고 내일부터 열심히 하겠다는 말은 오늘은 놀겠다는 뜻의 다른 표현이다. 그러므로 특별한 시간, 특별한 날로 실행을 미룬다는 것은 겉으로 아무리 변화를 원한다고 해도 내면에서는 절대로 변화하지 않겠다고 외치는 것과 같다. 그래서 막상 실천하기로 한 시간이 되면 다짐은 다시 내일, 그리고 내년으로 쉽게 미뤄진다.

○ '때'를 기다리는 자에게 기회는 오지 않는다

바로 실행하는 것이 왜 이리 어려울까? 그 이유는 똑같은 일도 지금보다 나중에 하는 것이 더 쉽게 느껴지기 때문이다. 지금 하면 잘 안 될 것 같은 글쓰기도 내일 하면 왠지 잘될 것 같다. 오늘부터 다이어트하기는 어렵지만 새해부터는 식은 죽 먹기처럼 할 수 있을 것 같다.

이처럼 같은 일도 시간적 거리에 따라 실천의 용이성을 다르게 지각하는데 이를 심리학에서는 '시간 불일치Time Inconsistency 현상'이라고 한다. 그래서 항상 계획은 거창하기 마련이고 막상 실행할 때가 되면 그 계획은 다시 뒤로 미뤄지게 마련이다.

일본의 머니 트레이너 혼다 켄本田健은 부자들의 생활습관을 연구하기 위해 일본 국세청 고액납세자 명단을 확보해 그중 1만 2,000명의 백만장자를 대상으로 설문조사를 실시했다. 여기서 나타난 한 가지 흥미로운 점은 소득 수준이 높을수록 설문조사에 대한 응답시간이 빨랐다는 것이다.

부자들이라 한가하고 할 일이 없어서 그런 걸까? 아니다. 그들은 어차피 할 일이라면 바로 처리하는 것이 여러모로 유리하다는 사실을 체험을 통해 알고 있기 때문이다. 바쁜 일상 속에서 신속하게 실행하는 습관이 몸에 배어 있는 것이다. 어차피 해야 할 일이라면 크든, 작든, 쉽든, 어렵든 당장 실행에 옮기는 게 좋다. 즉即실행은 자신을 다른 사람들과 차별화할 수 있는 우위 선점 가능성에 대한 가장 확실한 예측변인이기 때문이다.[33]

우리가 나중을 외치며 실행을 미루는 또 다른 이유는 의외로 완벽주의에서 기인한다. 완벽주의인 만큼 실행 수준이 높지 않을까 싶지만 사실은 그렇지 않다. 심리학자 고든 플렛Gordon Flett

의 연구에 의하면 완벽주의적인 사람들은 실수나 실패에 대한 불안이 비교적 높은 편이다. 그리고 불안은 보통 사람의 실행력을 깎아 먹는 역할을 한다.

예컨대 어떤 일을 완벽하게 해낼 수 있다는 자신감이 생기기 전까지 일을 시작하지 않기도 하고, 때로는 조금 더 좋은 결과를 내겠다며 일에 지나치게 집착해서 기한을 넘어서도 일을 붙들고 있는 모습을 보이기도 한다. 그 결과 완벽주의자인 교수들이 그렇지 않은 교수들에 비해 출간한 논문의 수가 적고 논문의 질 또한 낮은 것으로 나타났다.

2016년 미국 경제지 《포브스》의 세계 부자 순위 1위, 수년간 세계 부자 순위 10안에 이름이 오른 아만시오 오르테가Amancio Ortega 는 패션 기업 자라ZARA를 세계적 브랜드로 키우며 부호가 되었다. 이러한 성공배경에는 디자인에서 판매까지 걸리는 시간을 2주 안으로 단축해낸 '패스트 패션' 전략이 주효했다. 재고와 운영 비용을 절감해 저렴한 가격을 유지하면서도 유행에 뒤처지지 않는 세련된 제품을 만들어낸 것이다.

그러나 여기서 한 가지 의문이 든다. 어떻게 그렇게 빠르게 작업하면서도 유행을 정확히 예측할 수 있었을까? 요행으로 한두 번 유행을 맞출 수는 있다. 하지만 대중이 어떤 디자인을 좋아할지 꾸준히 예측하기는 불가능하다. 오르테가는 이 점을 역이용해 예측이 필요 없는 시스템을 만들었다. 소비자에게 최대한 많은 디자인을 선보여 반응을 살핀 후, 반응이 없으면 빠르게 폐기하고 반응이 좋으면 비슷한 콘셉트의 옷들을 추가하는 식이다. 한마디로 자라는 패션업계의 람보였다. 대중의 취향을 완벽하게 조준하는 스나이퍼가 아니라, 일단 전방위로 날려보고 그중에 잘 맞는 것들에 집중했다.

어느 미대 수업에서는 100개의 시안을 한꺼번에 제출하라는 과제를 내준다고 한다. 완벽한 작품 하나를 만들기 위해 고심하는 것보다, 뭐가 됐든 100개를 그리면 그중에 뛰어난 작품이 나올 가능성이 더 크기 때문이다. 2퍼센트 부족하더라도 더 많이 시도하고, 실행하는 사람이 성공할 수 있다.

사진작가 척 클로스Chuck Close는 "영감이 떠오를 때를 기다리고 있지 말라"고 충고한다. 가장 좋은 아이디어는 모두 작업을 하는 과정에서 나오기 때문이다.

영감이 떠오르지 않아 글을 쓸 수 없다고 말하는 사람이 많지만 사실은 글을 쓰지 않기 때문에 영감이 떠오르지 않는 것이다. 아직 준비가 제대로 안 돼 시작을 못한다고 하는 사람이 많지만 사실은 시작하지 않기 때문에 준비를 못 하는 경우가 더 많다.

이렇듯 많은 사람이 적당한 때를 기다리느라 너무 많은 시간을 그냥 흘려보내며 산다. 정말 안타까운 것은 시간만 낭비하는 것이 아니라 그 과정에서 머릿속의 목표 자체가 사라져버린다는 것이다. 그래서 서두에 언급했듯이 삶에서 가장 파괴적인 단어는

'나중'이고 가장 생산적인 단어는 '지금'인 것이다. 지금 있는 자리에서, 가지고 있는 것으로, 할 수 있는 것을 실행하라.

○ 그 정도는 나도 하겠다? 그럼 지금 하라!

2004년 여름, 마이애미 병원 단지 안에서 샌드위치 체인점인 서브웨이Subway 지점을 운영하고 있던 A는 주말마다 곤두박질치는 매출 때문에 신경이 곤두섰다. 주말에는 유동 인구가 급격하게 줄어 주중에 벌어들인 돈을 다 까먹고 있었다. 재정난에 처한 가게들이 흔히 그렇듯 그 역시 가격을 내리기로 했다. 그는 주말마다 서브웨이의 인기 상품인 풋롱 샌드위치를 할인 가격으로 제공한다고 광고를 내걸었다. "풋롱이 단돈 5달러!" 이 카피가 딱히 기발하거나 새로운 아이디어라고는 할 수 없었다. 매출을 늘리기 위해 가격을 내리는 것은 가장 기본적이고 상식적인 전략이다.

5달러짜리 풋롱을 처음 선보였던 주말, 매장의 매출이 2배로 뛰었다. 그렇게 몇 달이 지나자 마이애미의 다른 서브웨이 매장 주인들도 그 사실을 알게 되었다. 마찬가지로 좀처럼 매출을 올리지 못했던 포트로더데일의 서브웨이 매장에서도 이 방법을 사용했더니 역시 판매량이 2배로 뛰어올랐다.

2006년까지 미국 전역의 서브웨이 매장 주인들은 5달러짜리 풋롱 아이디어를 모방했고 다들 흡족한 결과를 얻었다. 프랜차이즈 기업들은 대부분 평범한 업종이며, 서브웨이는 그중에서도 가장 흔하다고 할 수 있다. 냉장 햄이나 소시지로 만든 샌드위치를 혁신적이라고 할 만한 부분은 하나도 없기 때문에 서브웨이 점주들은 계속해서 판매 기술을 연마해야 했고, 다른 점주들에게 도움이 될 만한 사소한 아이디어에 꾸준히 관심을 기울여야 했다.

5달러짜리 풋롱이 미국 전역의 서브웨이 매장으로 퍼져나가자, 몇몇 점주들은 전국적으로 광고를 내보자고 본사에 제안했다. 하지만 본사 마케팅팀은 이를 받아들이지 않았다. 성공 사례를 봤지만, 대다수 매장 주인들이 재료비와 인건비 상승을 걱정할 거라고 생각했기 때문이었다. 그러나 그 후로도 2년 동안 5달러짜리 풋롱은 전국 서브웨이 매장에서 비슷한 수준으로 유지되었고 점점 더 많은 점주들이 지점별 프로모션을 통해 상당한 이익을 얻었다.

2008년 마침내 본사 마케팅팀에서 4주간의 캠페인 진행을 결정했다. 그때까지 수많은 서브웨이 매장에서 5달러 풋롱으로 성공한 전례가 있었기 때문에 시장조사도 필요 없었다. 서브웨이가 사전 시장조사 없이 전국적인 광고와 홍보에 많은 돈을 투자한 것은 그때가 처음이었다.

이 사례를 얘기하는 이유는 아무리 입증된 아이디어라 해도 받아들여지고 실행되는 과정은 결코 쉽지 않다는 것을 보여주기 위함이다. 미국의 유명 경영 잡지인 《포춘》지에서 '왜 CEO들이 실패하는가?'를 조사했다. 실패하는 CEO들을 보면 그들이 똑똑하지 않거나 비전이 없기 때문에 실패한 것은 아니다. CEO 중에 실패하는 약 70퍼센트는 매우 단순하고도 치명적인 단 하나의 약점, 즉 낮은 실행력 때문에 실패한다.

세계적인 인쇄복사 업체인 킨코스Kinko's의 설립자 폴 오팔라Paul Orfalea 역시 1980년대에 비슷한 장애물을 넘어야 했다. 오팔라는 다른 성공한 서비스 업종들처럼 24시간 영업을 해보자고 킨코스 점주들을 구슬리고 회유하는 데 3년이 걸렸다. 점주들은 밤새 일할 직원을 구하기도 어렵고 직원들의 안전에도 문제가 있을 거라는 이유로 24시간 영업에 반대했다. 24시간 운영을 시범 도입했던 매장의 이윤이 50퍼센트 정도 뛰어오르는 것을 보면서도 대부분의 점주는 여전히 결정을 내리지 못하고 있었다. 이처럼 경영의 장애를 일으키는 외부 요인보다 더 자주 문제를 일으키는 주범은 바로 자신이다. 만화가 월트 켈리Walt Kelly가 연재하는 만화 주인공 '포고Pogo'의 말을 빌리면 이렇다.

"적을 만났지. 그게 우리더라고."

한번은 그 주제에 대해 토론했던 연차 주주총회에서 몹시 화가 난 점주가 자리에서 일어나 이렇게 외친 적도 있었다.

"돈이 좋으면 그냥 해요!"

결국 24시간 영업은 킨코스의 새로운 기준이 되었다. 이제 그들은 그때 자신들이 무엇 때문에 그렇게 소란을 떨었는지도 기억하지 못할 것이다.

개념미술가 데미안 허스트Damien Hirst의 작품을 보고 이런 건 누구라도 만들 수 있겠다고 말하는 사람들이 종종 있었다. 1995년 《뉴욕타임스》에 그의 말이 실렸다.

"'나도 할 수 있겠다'는 말은 쉽습니다. 누군가 하고 난 다음에는 말이지요."

이와 마찬가지로 5달러 풋롱이나 24시간 영업 전략 또한 돌이켜보면 비슷한 상황에서 어떤 기업이라도 시도했을 법한 당연한 전략이라고 할 수 있다. 하지만 아무리 평범한 아이디어라도 이를 실행하기 위해서는 다른 사람을 설득하기 위한 노력과 헌신, 창조적인 문제해결 과정이 필요함을 간과해서는 안 된다.[34]

독일의 대표적인 베스트셀러 작가이자 세계적인 경영 컨설턴트인 보도 섀퍼Bodo Schäfer의 《열두 살에 부자가 된 키라Ein Hund Names Money》라는 책의 글귀를 빌려 적어본다.

"해보기 전까지는 미리 판단하지 않기! 어때? 한번 해보는 게 아니라 하는 거야. 한번 해보겠다고 말하는 것은 안 될 일에 대해 미리 변명하는 것에 불과해. 한번 해보는 것은 없어. 하느냐 안 하느냐 두 가지가 있을 뿐이지."

Point 🖋

부자와 승자의 단어는 '바로 지금'

부자들은 반응 속도가 빠르다.

신속하게 반응하면 사람들의 호감과 신뢰를 얻을 수 있어

결국 부를 축적하는 파생효과로 작용한다.

새로운 시작을 위한 완벽한 타이밍은 없다.

빈자와 패자들의 단어는 '나중'이고, 부자와 승자의 단어는 '지금'이다.

내가 스물다섯 살 때 내 가치는 1억 달러가 넘었다.
하지만 그건 중요한 게 아니었다.
나는 돈을 벌려고 일을 한 적이 없기 때문이다.

- 스티브 잡스 *Steve Jobs*

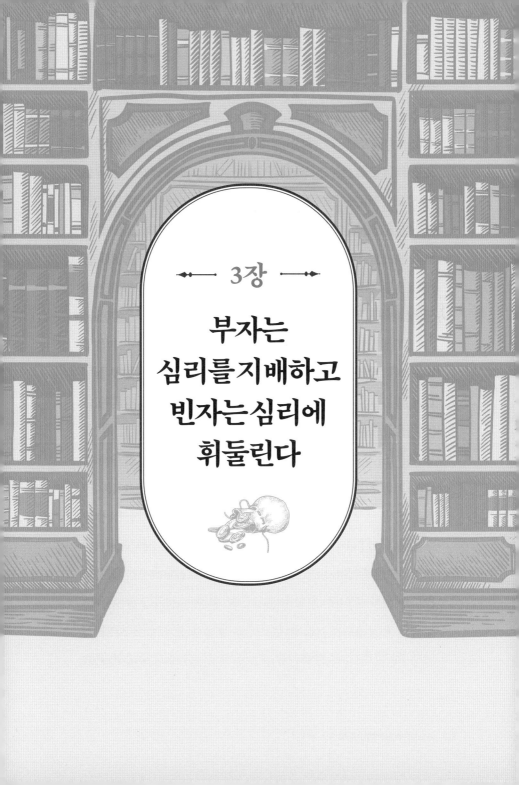

3장

부자는
심리를 지배하고
빈자는 심리에
휘둘린다

부자의 서재에서 심리학 책 꺼내 보기

- 토머스 길로비치, 《인간 그 속기 쉬운 동물》
우리는 때때로 결함 있는 추론과 잘못된 믿음을
받아들이는데, 그것들이 우리의 사고 습관에 전반적으로
영향을 미치지 못하도록 어떻게 막을 수 있을까?

- 크리스토퍼 차브리스 · 대니얼 사이먼스,
《보이지 않는 고릴라》
성공적인 의사결정을 위한 열쇠는 직관을 신뢰해야 할
때와 직관을 경계하면서 모든 상황을 면밀히 검토할 때를
아는 데 있다.

- 리처드 칼슨, 《스톱 씽킹》
어떤 생각이 집중할 가치가 있고, 어떤 생각을 내버려둬야
하는지 결정할 수 있는 사람은 자기 자신뿐이다.

- 엘렌 랭어, 《마음의 시계》
실패했을 때, 우리는 시도하는 데 사용한 방법이
성공적이지 못했다는 사실만 안다. 여전히 무엇이
불가능한지, 즉 우리가 해낼 수 없는 게 무엇인지 알지
못한다.

1.

빈자는 로또를 사고
부자는 보험을 선택한다

○ 〈오징어 게임〉 속 빈자의 본능

2021년 9월 17일 넷플릭스에 공개된 한국 드라마 〈오징어 게임〉이 국내 드라마 최초로 전 세계 넷플릭스 드라마 랭킹 1위에 올랐다. 빚더미에 빠진 벼랑 끝 참가자들이 456억 원을 쟁취하기 위해 벌이는 살벌한 경쟁, 게임에서 지면 목숨을 빼앗기는 자극적인 설정이 전 세계 시청자의 눈길을 사로잡았다.

인기 작품은 시대의 정서를 반영한다. 한국 사회에서 뜨거운 논란을 빚고 있는 공정성 이슈를 게임의 룰에 적용함으로써 적잖은 공감대를 형성했다. 자본사회의 승자이자 〈오징어 게임〉을 주최한 호스트 일남(오영수)은 죽기 전 "돈이 너무 많으면 뭘 사고, 먹어도 결국 다 시시해져 버린다"며 목숨을 건 서바이벌 게임을 진행한 이유를 밝혔다. 거대한 게임판 속에서 무력하게 파편화된 참가자들에게서 우리는 어떤 부의 심리를 읽을 수 있을까?

하버드대의 사회생물학자인 에드워드 윌슨Edward Osborne Wilson은 "인간은 타고난 근시안이다"라고 말했다. 원시인의 수명은 짧다. 그들은 하루하루가 모험이었고 오늘을 살지 못하면 내일이 없었다. 하루 벌어 하루 먹는 하루살이 생활이기 때문에 그날의 사냥은 생존에 매우 중요했다. 그래서 인간의 뇌 구조는 장기보다 단기를 선호하도록 만들어졌다. 에드워드의 주장은 이러한 논리에서 파생되었는데, 현대에도 그의 주장이 그대로 적용되고 있다.

아무 조건 없이 다음의 두 제안 중 하나를 선택해보자.

A : 당장 200만 원을 받는다.
B : 한 달 후 210만 원을 받는다.

사람들에게 당장 200만 원을 받는 것과 한 달 후 210만 원을 받는 선택지를 제안하면 대부분은 당장 200만 원 받는 것을 선택한다. '나중의 꿀 한 통보다 당장 엿 한가락이 낫다' '내일의 천자보다 오늘의 재상이 낫다' '명년 쇠다리보다 금년 새 다리가 낫다' 이런 속담을 통해 알 수 있듯이 근시안적 뇌 구조를 가진 일반 투자자들은 장기투자 대신 단기 매매를 당연히 여긴다.

실제 투자 금융의 연구 결과에서도 사람들은 투자 결과를 평가할 때 오래전 과거보다 가까운 과거를 더 비중 있게 평가한다. 가까운 과거의 경험이 더욱 생생하고 현실을 정확하게 반영한다고 믿는 것이다. 즉 과거에 큰 손실을 보았어도 가장 최근에 수익을 냈다면 다음에도 수익을 낼 거라고 믿는다.[35] 이러한 행동을 '근시안적 본능의 오류'라고 한다.

〈오징어 게임〉의 참가자들도 근시안적 본능의 오류를 가지고 있다. 빚더미에 짓눌린 사람들이 단기간에 456억 원의 상금을 얻기 위해서 모였다는 점이다. 목숨을 담보로 한 사기 같은 게임이 가능한 것은 짧은 시간에 일확천금하고자 하는 인간의 근시안적 본능 때문이다.

〈오징어 게임〉은 스토리, 의상, 세트, 조명, 서사를 비롯해 모든 것이 매우 비현실적이다. 그럼에도 불구하고 전 세계 사람들이 공감하는 이유는 뭘까? 드라마를 통해 근시안적 본능을 일깨워 자신과 주인공 기훈(이정재)을 동일시하여 456억 원을 성취했을 때 대리만족을 느끼기도 하고, 마치 그 사람과 실제로 상호작용을 하고 있는 듯한 유사 사회적 상호작용을 경험하기도 한다.

코로나19로 경제적 어려움을 경험한 한 자영업자는 "456억 원 주면 나도 참가하고 싶다" "내 현실이 더 잔혹하다" 등의 감정을 토로했다. 더욱 놀라운 사실은 드라마를 통해 일깨워진 근시안적 본능을 현실에서 보여준다는 것이다. 드라마 속 〈오징어 게임〉에 등장하는 주최 측 전화번호와 동일한 번호를 가진 일반인에게 전화를 걸어 "어떻게 하면 〈오징어 게임〉에 참가할 수 있는가?"라며 묻는다는 후일담이 전해졌다.

물론 호기심과 장난으로 전화하는 사람들도 있겠지만 하루에 2,000건 넘게 전화가 쏟아진다고 하니 근시안적 본능을 가진 사람들이 적지 않다는 반증이기도 하다.

〈오징어 게임〉을 비롯한 일확천금의 모든 신화는 인간의 약점인 근시안적 본능을 이용한다. 공기로 움직이는 자동차, 물을 연료로 하는 보일러, 연료 없이 저절로 움직이는 기차를 믿을 만큼 어리석은 사람은 없다. 하지만 여기에다 "투자하면 대박이 된다"는 말만 덧붙이면 자석같이 사람들이 달라붙는다. 드라마의 궁극적 제작 의도가 그러하듯 적금 대신 로또를 좋아하고, 기다리는 대신 당장 신용카드로 내일의 풍요를 당겨 쓰며, 장기투자보다 단기투자를 좋아하는 근시안적인 사람들에게는 영락없이 '실패'라는 꼬리표가 달라붙는다.

영국 경제학의 대표자인 존 메이너드 케인스John Maynard Keynes는 근시안적 본능을 지적하며 철저히 장기투자로 큰돈을 벌었다. 그리고 그는 근시안적 본능의 오류에 빠진 이들에게 경고한다.

"인생은 짧다. 그래서 인간은 〈오징어 게임〉에 참가하거나 단기투자를 선호한다. 그러나 어떠한 상황에서도 일단 투자를 한 주식은 장기 보유해야 한다. 여러 해가 걸리겠지만 확실한 이익이 나거나 아니면 확실히 실수였다는 판단이 서기 전에는 함부로 매도하거나 행동해서는 안 된다."

케인스의 경고를 〈오징어 게임〉의 주최자 일남의 대사로 요약할 수 있겠다.

"제발 그만해……! 나, 나 무서워! 이러다가 다 죽어!"

○ 대박을 갈망하는 사람들의 오류

서울 2호선 잠실역 8번 출구를 나오면 남녀노소를 가리지 않고 항상 줄을 길게 선 사람들이 눈에 띈다. 로또 명당이 자리 잡고 있기 때문이다. 잠실 매점은 1등은 15번, 2등 60번이나 당첨된 어마어마한 당첨 확률을 갖고 있었다. 따지고 보면 사람들이 줄을 서서 살 만큼 많이 구입하기 때문에 그만큼 높은 당첨 확률을 가지고 있는 게 아닐까. 이러한 심리현상을 '핫핸드hot hand'라고 한다. 핫핸드는 농구 경기에서 기원한 용어로, 농구 팬들은 한 선수가 슛을 연속해서 성공할수록 그다음번 슛의 성공 확률이 높아진다고 믿는다. 이런 현상을 핫핸드라고 부른다.

과연 핫핸드 효과가 실재할까?

미국 코넬대 심리학과 교수이자 세계적인 행동경제학자인 토머스 길로비치Thomas Gilovich 연구팀이 미국 필라델피아 프로농구팀 1980~1981년 시즌 기록을 분석한 결과, 대부분의 선수는 직전 슛의 성공 횟수가 높아질수록 오히려 다음 슛 성공 확률이 낮아졌다. 보스턴 프로농구팀의 1980년대 두 시즌 기록을 분석한 결과에서도 아홉 명 중 네 명은 첫 번째 슛에 실패했을 때보다 성공했을 때 두 번째 슛의 성공 가능성이 높았다. 하지만 다섯 명은 반대로 나타났다.[36] 결국 두 경우 모두 큰 차이는 보이지 않았으며 자유투를 통해서도 핫핸드를 입증할 수는 없었다.

시카고대와 메릴랜드대 경제학과의 조너선 거리안Jonathan Guryan 과 멜리사 커니Melissa Kearney 교수가 2000~2002년 텍사스주 로또 판매 데이터를 분석한 결과에서도 핫핸드의 유효성을 검증할 수 없었다. 그런데 핫핸드 효과에 더욱 뚜렷하게 희망적 반응을 보이는 사람들이 있음을 확인했다. 빈곤층, 고교 중퇴 이하자, 노인이 바로 그 대상이었다.[37] 부자와 달리 이들은 로또 구입을 여흥이 아니라 투자로 여기는 경향이 강했다.

○ 부자는 복권보다 보험을 선택한다

부자는 취미로 로또 구입은 찬성하지만 로또를 재테크의 수단으로 보는 것은 상당히 부정적이다. 어떤 부자는 로또를 구입하는 사람들을 동전 던지기를 하는 오랑우탄에 빗대어 날카롭게 비판한다. 오랑우탄 2억 2,500만 마리가 일제히 동전 던지기를 시작한다. 그중 이긴 오랑우탄이 다음 날 다시 동전을 던지고, 또 이긴 오랑우탄이 그다음 날 다시 동전을 던진다면 20일 연속해서 동전을 던지게 되는 오랑우탄의 수는 215마리가 된다.[38]

그 215마리 오랑우탄 중에서 50마리가 에버랜드 동물원 출신이라고 가정해보자. 사람들은 떼로 몰려가서 그 동물원에 뭔가 특별한 이점이 있다고 생각하고 비법을 파헤치려 들 것이다. 무슨 특별한 사료를 먹이는지, 특별한 운동이나 공부를 시키는지, 무슨 책을 읽게 하는지 살펴보는 식이다. 주식시장에서 연달아 특별한 성공을 하는 사람에게도 비슷한 상황이 연출된다. 그들에게 아주 특별한 재능이 있는지 궁금해한다는 말이다.

복권에 당첨될 확률은 벼락 맞아 죽을 확률인 428만 9,651분의 1보다 2배나 높은 814만 5,060분의 1이다. 이렇게 낮은 가능성에도 불구하고 사람들은 매주 복권을 산다. 반면 보험은 설계사가 매우 상세하게 안내해줘도 가입하기 싫어한다. 보험에도 종류가 다양하지만 종신보험의 경우 평생을 보장하므로 언젠가 한 번은 반드시 100퍼센트 보험금을 지급받는다.

자체 조사에 의하면 종신보험을 해약하는 사람들은 중산층 이하인 사람들, 즉 빈자들이다. 보통 종신보험료가 저렴하면 10만원, 비싸면 20만 원까지 한다. 처음에는 그것을 유지할 수 있을 줄 알고 계약을 한다. 그런데 가계 사정이 갑자기 안 좋아졌을 때, 현금 흐름을 확보해야겠다는 생각이 났을 때, 가장 먼저 손을 대는 곳이 보험이다. 당장의 효용이 기대가 안 되기 때문이다. 확률로 따져보면 당연히 복권보다 보험에 가입해야 한다. 그러나 인간은 그러지 않는다.

○ 행운에 기대는 빈자 vs. 최악에 대비하는 부자

〈오징어 게임〉의 모든 참가자는 저마다의 사연을 가지고 자신이 456억 원의 상금을 탈 것이라고 확신하다. 이것은 인간의 '행운 편향 인식' 때문이다. 자신이 행운을 맞이할 가능성은 과대평가하는 반면 불행을 겪게 될 가능성은 과소평가하는 경향이 있다. 이러한 행운 편향 인식은 핫핸드에 기대는 심리 때문이기도 하다.

행운 편향 인식은 두뇌의 선택적 지각과 같은 인식체계의 오류를 동반한다. 선택적 지각은 외부 정보를 객관적으로 받아들이지 않고, 자기 인식이나 경험에 가까운 것 혹은 자기에게 유리한 정보만을 선택적으로 기억하기 때문에 나타나는 현상이다. 똑같은 영화를 봐도 특정 부분만 강하게 기억하고, 백화점이나 서점에 가면 좋아하는 브랜드와 책이 눈에 잘 띈다. 이것이 바로 선택적 지각 때문이다.

드라마 〈오징어 게임〉의 중요한 열쇠는 바로 게임의 종류다. 그런데 사실 게임의 종류는 참가자들이 머무는 공간의 벽면에 이미 그려져 있었다. 물론 침대에 가려져 있었지만 참가자들이 하나둘 탈락하며 침대가 치워질수록 벽면의 그림은 선명하게 드러났다. 하지만 게임이 끝날 때까지 참가자 그 누구도 벽면의 그림을 인식하지 못했다. 이러한 인식체계의 오류로 인해 대부분의 사람은 부자의 반열에 오르지 못한다. 나름대로 정교한 논리로 만들어 주변에서 아무리 진실을 얘기해도 듣지 않고 행운만 쳐다보는 편향에 갇혀 있기 때문이다.

중국 당나라의 문인이자 당송팔대가의 한 사람인 유종원의 《물에 빠져 죽은 사람을 애도하는 글哀溺文》에도 행운 편향 인식을 나타내는 글이 나온다.

중국 영주永州 땅 사람이 돈 천 냥을 허리에 차고서 배를 타고 강을 건너게 되었다. 그런데 강 가운데서 배가 부서져 가라앉고 말았다. 함께 탄 사람들은 모두 헤엄을 쳐서 뭍으로 올라가 목숨을 구했다. 그런데 영주 땅 사람은 허리에 찬 돈이 너무 무거워서 헤엄을 칠 수가 없었다. 이를 지켜보던 사람들이 빨리 돈을 버리라고 소리쳤다. 하지만 그는 최악의 사태를 대비하지 못하고 자신의 행운만 믿으면서 결국 돈과 함께 물에 빠져 죽고 말았다. 조선 후기의 문신 윤기의 시문집인 《무명자집無名子集》에는 물에 빠져 죽은 사람과 〈오징어 게임〉에 참여한 사람들에게 이렇게 경고한다.

"몸으로 행운을 시험하면 죽는 것이 당연하지 않은가."

사실 〈오징어 게임〉에도 영주 땅 사람처럼 참가자들이 뭍으로 헤엄쳐 나오지 못하게 해 놓은 장치가 있다. 참가자들이 머무는 공간의 천장에는 불빛이 환하게 비치는 돼지 저금통이 있고 이 저금통을 사람들이 올려다보게 만들었다.

인간은 기본적으로 빛의 자극에 무의식적으로 반응하는 주광

성 동물이다. 그 대표적인 예가 118~128년경 로마의 하드리아누스 황제 때 건축된 판테온Pantheon이다. 그리스어로 모두를 뜻하는 판Pan과 신을 뜻하는 테온Theon이 합쳐져 만들어졌는데, 입구를 통해 안으로 들어가면 넓은 공간의 동그란 돔이 나오고 그 돔의 꼭대기에 원 모양의 구멍으로 자연채광이 들어온다. 그곳에 방문한 모든 사람들은 자연스럽게 동그란 구멍으로 들어오는 빛을 바라보게 된다.

〈오징어 게임〉에서도 마치 판테온처럼 빛과 함께 저금통을 위에 올려놔 빛을 올려다보듯 돈을 경외하는 장면을 연출한다. 특히 저금통의 색깔을 약간 노르스름하게 했는데 이 빛은 자연적인 수면을 유도하는 멜라토닌 분비를 촉진하고 심리적으로 평안한 느낌을 준다. 거기에 현금을 넣어 태양신을 숭배하듯 돈 신을 숭배하게 만들어 끊임없는 물질적 욕망을 추구하게끔 장치화했다.

빈자는 행운 편향 인식 때문에 행운에 기대지만 부자들은 언제나 최악의 상황에 대비한다. 세상에 확실히 안전한 투자는 하나도 없다. 전 세계를 감염시킨 코로나19가 언제 발생할지 예측할 수 없었듯이 투자 대상에도 무슨 일이 어떻게 생길지 모른다.

예측은 신의 영역이고 대응은 인간의 영역이다. 이런 사회경제적 현상과 인식체계의 오류를 인지하느냐 못하느냐에 따라 부의 차이는 결정된다.

○ 부자가 마라톤을 즐기는 이유

미국에서는 매년 40만 명가량이 마라톤 대회에서 완주를 위해 자신과 싸운다. 마라톤 선수가 아닌 일반 사람들은 대부분 중간에 포기하거나 실격처리 되고 대략 800명 중 1명$_{0.13\%}$만이 마라톤 완주에 성공한다. 그런데 독특한 통계가 있다. 상장기업의 CEO들은 100명 중 10명$_{10\%}$이 마라톤을 완주한다.

부자들이 마라톤을 즐기는 이유는 체력이 기업의 경영성과에 긍정적 영향을 미치기 때문이다. 독일의 경제학자 페터 림바흐$_{Peter\ Limbach}$와 플로리안 존넨부르크$_{Florian\ Sonnenburg}$의 연구에 의하면 스포츠에 열정적인 경영자의 기업은 몸에 신경을 쓰지 않는 경영자의 기업에 비해 경영성과가 약 5~10퍼센트 높게 나타났다. 뿐만 아니라 기업의 인수합병에서도 상당한 부가가치를 올리는 것으로 나타났다.

그런데 골프, 승마, 스키, 야구, 테니스 같은 종목이 아니고 굳이 마라톤을 하는 이유가 뭘까? 부자들이 특권처럼 마라톤을 선택하는 데는 이유가 있다. 마라톤은 스포츠 중에 가장 지루한 종목이지만 다른 종목에 비해 훨씬 더 많은 체력과 정신력을 요구한다. 부자들은 마라톤을 통해 자신의 한계를 뛰어넘고, 위험을 무릅쓰고, 역경을 딛고 끈기 있게 지속하는 법을 배운다.

그렇다면 일반인에 비해 상장기업 CEO들의 마라톤 완주율이 높은 이유는 무엇일까? 일반인은 마라톤 완주가 목표지만 상장

기업 CEO들은 마라톤에서 우승을 꿈꾼다. 물론 본업을 접고 실제 마라톤 선수가 되는 것은 아니다. 하지만 원대하고 장기적인 목표가 엄청난 자신감을 갖게 만들고 정신적으로 항상 에너지가 충만한 상태를 만든다. 이러한 목표 설정의 차이가 0.13퍼센트 대 10퍼센트 즉, 77배의 엄청난 차이를 낳는다.

○ 모든 위대한 부자들이 품었던 '장기적 소망'

일반인과 상장기업 CEO의 마라톤 완주율의 차이처럼 성공한 부자들은 소망이 있다. 이 돈을 가지고 무엇을 할 것인가가 명확하고, 그 소망은 장기적이다.

포드 자동차의 설립자인 헨리 포드Henry Ford는 1907년 말과 마차가 교통수단으로 대중적 인기를 누리고 있을 때 다음과 같은 장기 목표를 설정했다.

"10~20년 후 미국 대부분의 길에서 말과 마차는 사라지고, 대신 내가 만든 자동차가 짐과 사람들을 실어 나르며, 우리 노동자들이 자신이 만든 자동차를 몰고 다닐 것이다."

그 후 포드는 1908년 세계 최초의 대중차 '모델T' 제작을 시작하고, 1913년 조립 라인 방식에 의한 양산 체제인 포드 시스템을 확립하면서 자동차 왕으로 불렸다.

캘리포니아 항공사는 장기 목표의 소망을 실현한 대표적인 기업이다. 이 회사의 부서 중에 매년 최고의 만족과 실적을 보여주는 부서가 있었는데 놀랍게도 비행기의 엔진을 청소하는 부서이다. 그 부서원들은 모두 파란색의 심장외과 수술복을 입고 근무를 한다. 어느 날 외부의 컨설턴트가 왜 수술복을 입느냐는 질문에 이렇게 대답했다.

"우리는 비행기의 심장인 엔진을 청소하며 수술하는 사람들입니다. 사람의 심장을 고치듯이 우린 비행기의 심장을 고치는 의사입니다."

빌 게이츠는 "세상의 모든 아이들이 굶지 않고 안전하게 사는 사회를 만들겠다"라고 했고 앤드류 카네기는 "내 나라를 지구상에서 가장 강한 나라로 만들겠다"라고 했다. 이들이 승리할 수 있게 만든 원동력은 소망을 담은 장기 목표다.

장기적 소망을 가진 사람은 역량과 나이 따위는 고려하지 않는다. 오로지 소망의 실현만을 위해 매진한다. 세계 3대 테너인 플라시도 도밍고Plácido Domingo는 나이를 이긴 대표적인 인물이다. 그는 2011년 3월 초 결장암 수술을 받았지만 일 년이 채 안 된 2012년 2월 뉴욕 메트로폴리탄 오페라 무대에 다시 섰다. 그의 나이 70세였다.

윌 키스 켈로그Will Keith Kellogg라는 사람이 있다. 그가 사업을 시작해야 되겠다고 결심했을 때는 나이가 46세였다. 그때까지도 소심한 성격에 별다른 취미 생활도 특별한 재능도 없었다.

그는 의사인 형 밑에서 박봉을 받으며 일하고 있었다. 그 무렵, 그들은 환자용 시리얼에 대해 연구하다가 곡물 플레이크를 만들어냈고, 윌은 그것을 대량생산하자고 형에게 제안했지만 거절당하고 말았다.

1906년 윌은 형의 그늘에서 뛰쳐나와 형 몫의 시리얼 생산 특허권 지분을 샀다. 그리고 소심한 성격에서 벗어나 남들이 상상도 하지 못했던 꿈을 꾸며 사업적 재능을 발휘하기 시작했다. 그는 처음으로 컬러 잡지 광고와 시험판매, 광범위한 표본추출법을 시도했고 그렇게 해서 결국 일반인들 입맛에 맞는 플레이크를 만들었다. 이후 판매고는 점점 증가하였고 오늘날 콘플레이크의 대명사가 되었다.

2021년에 115주년을 맞은 켈로그는 "전 세계 사람들에게 단지 식사가 아닌 풍요로움과 만족감을 주는 올바르고 좋은 세상을 추구합니다"라는 새로운 소망을 밝혔다.

윌은 한때 형의 그늘에 가려진 패배자처럼 보였지만 결국 그의 꿈을 포기하지 않았다. 20세기 '신비의 문인'이라 불리는 제임스 앨런James Allen은 "사람은 자신이 생각하는 대로 만들어진다"라고 했다. 소망과 목표의 실행을 생각하는 사람은 늦은 나이와 부족한 역량 등 자신이 다른 사람에 비해 미흡한 점을 극복할 수 있는 믿음을 전달한다.

장기 목표를 설정하고 이를 달성하는 것은 결과의 시점만을 만족시키는 것은 아니다. 즉, 과정도 즐겁다는 것이다.

로버트 M. 퍼시그는《선을 찾는 늑대Zen and the Art of Motorcycle Maintenance》에서 고승들과 히말라야 등정을 함께했던 일화를 소개했다. 퍼시그는 원정대에서 가장 젊은 사람이었으나 유일하게 등정을 포기하고 말았다. 그러나 고승들은 힘들이지 않고 정상까지 올라갔다. 정상에 도달하겠다는 결과에 초점을 맞춘 퍼시그는 앞으로 가야 할 길이 막막해서 등반 자체를 즐길 수 없었고 결국 계속 올라가겠다는 의욕과 의지를 잃어버리고 말았다. 반면 고승들은 정상에 도달하기 위한 과정을 더 중요하게 생각했고 히말라야를 오르고 있는 현재에 초점을 맞춰 등정을 즐길 수 있었다.

인간은 삶의 질을 높이고, 더 나은 미래를 창조하기를 소망한다. 소망을 담은 장기 목표는 목적함수의 주된 변수가 된다. 학창 시절부터 확실한 목적함수를 가지고 그것을 위해 부단히 노력한 친구들은 나이 들어서 성공한 그룹에 속한다. 하지만 자신의 목적함수가 무엇인지도 모르는 상태에서 학창 시절을 표류하듯이 보낸 친구들은 나이 들어서 확실한 직업도 없이 가난한 소시민의 위태로운 삶을 산다. 목적함수의 유무 그리고 목적함수의 확실성 여하가 인생의 가치와 부의 기준을 갈라놓는다.

나폴레옹은 전쟁의 천재를 이렇게 정의했다.

"주변 사람들이 모두 미쳐갈 때 평범한 것을 할 수 있는 사람."

정말 중요한 것은 남들이 모두 미쳐가는 몇 안 되는 날에 당신이 어떤 목적함수로 의사결정을 내리는가 하는 점이다.

○ 부자는 빨리, 많이 벌려 하지 않는다

《워런 버핏과의 점심식사The Education of a Value Investor》 저자이자 헤지
펀드 회사의 CEO인 가이 스피어Guy Spier는 포트폴리오를 1년에
딱 한 번 확인할 것을 권장한다. 아울러 "경제 TV는 쳐다보지도
않는 게 좋으며, 월스트리트 회사들이 내놓는 조사 결과 따위는
관심도 주지 말고 그들의 의도가 상품을 판매하는 것이지 지식을
나누는 것이 아님을 숙지하라"라고 조언한다.

워런 버핏은 한발 더 나아가 월스트리트 회사들의 보고서나 시
장 전망을 조롱하기로 악명 높다. 주가가 뜰 때는 실적 전망을 뻥
튀기해 거품을 키웠다가, 주가가 내리면 언제 그랬느냐는 듯 말
을 바꾸는 게 애널리스트라고 혹평한다.

2001년 미국 금융시장을 흔들었던 엔론 파산 때도 그랬다. 엔
론이 파산 신청을 하기 직전까지 월가의 내로라하는 애널리스트
18명 중 17명은 엔론 주식을 사라고 추천했다.[39] 하지만 수많은
개인투자자는 월가 애널리스트의 주술에 걸려 깡통을 찼다. 심지
어 엔론 직원이면서 자기 회사 주식에 투자했다가 직장을 잃고
재산까지 날린 사람도 수두룩했다.

증권회사들이 시장 분석이나 관련 정보를 내놓는 주된 이유

는 투자자들의 움직임을 자극하기 위한 것이다. 투자자들이 방아쇠를 당기게 부추긴다. 투자자들이 움직여야 저 밖에 있는 누군가가 돈을 벌 테니까. 이렇게 적극적인 활동을 부추기는 정보는 전부 차단해야 한다. 대신 가이 스피어는 워런 버핏, 존 보글John Bogle(워런 버핏과 어깨를 나란히 하는 월스트리트의 전설적인 인물로, 1974년 뱅가드 그룹을 설립하여 1996년까지 CEO와 회장으로 재직하였으며 이후 2000년까지 명예회장을 지냈다)처럼 꾸준한 성과를 올리는 투자자들의 비법을 연구하여 보다 유익한 정보 다이어트를 하라고 권한다.

"장기적으로 사고하고, 포괄적인 생각들로 채우는 겁니다."[40]

바둑의 고수는 예닐곱 수 앞을 내다 보지만 초보자는 다음 한두 수에 집중한다. 워런 버핏과 가이 스피어는 지속가능성이 뛰어난 공개기업이나 사기업에 장기적 투자를 한다. 억만장자 헤지펀드 매니저인 폴 튜더 존스Paul Tudor Jones는 거시경제학적 관점으로 투자에 임한다.

물론 부자들이 장기투자를 통해 수익률을 올리는 배경에는 시간을 이길 수 있는 돈이 있다. 여윳돈이 있는 부자들에게 추락하는 주가는 큰 문제가 되지 않는다. 반면 '영끌'로 빚을 당겨 빨리 수익을 내야 하는 가난한 이들은 '장기투자로 증시 변동성을 이겨 꾸준한 수익률을 올릴 수 있다'라는 말에는 공감할지언정 증시가 반등할 때까지 기다리고 인내하는 것에 큰 고통을 느낀다.

부자와 수익률이 낮은 이들 사이에는 소망을 담은 장기 목표의 유무에 차이가 있다. 수익률이 낮은 빈자들은 부자가 되는 시점을 짧게 설정한다. 예를 들면 '3년에 10억 모으기' 이런 식이다. 이 자체가 나쁘다는 것은 아니다. 그러나 단순히 기간 내에 돈을 벌어야 한다는 단기 목표만 있을 뿐 목표가 달성된 이후의 계획이 없다. 단기 목표가 달성되면 불행 끝 행복 시작이라고 생각한다. 마치 동화 속 '공주와 왕자님은 결혼하여 오래오래 행복하게 살았습니다.'라는 단절된 개념을 자신의 삶에 대입한다. 그러나 안타깝게도 동화는 그 어디에서도 공주와 왕자님이 결혼해서 오래오래 행복하게 살았다는 사실을 드러내지 않았다.

인생이 앞길을 방해하고 처음 계획했던 일들이 잘 풀리지 않을 때 우리는 결국 목표에 집중했던 힘과 그에 대한 믿음을 잃어버린다. 이럴 때 대개 빈자들은 이렇게 생각한다.

'어차피 해내지도 못할 거라면 장기 목표를 세우는 게 무슨 의미가 있겠어? 차라리 목표를 낮추고 안전하게 가는 게 낫지.'

'풀숲에 숨어 있는 새 두 마리보다 손에 쥔 한 마리에 만족하며 현실을 직시하자고.'

이러한 믿음은 편안한 느낌을 주는 영역, 즉 컴포트 존Comfort Zone에 머물게 만든다. 이는 빈자가 계속 가난한 삶에 머무르게 만드는 이유다.

부자와 빈자의 차이는 열악한 상황에서도 지속적으로 장기 목표를 추구하기 위한 노력 여부에 있다. 빈자들이 소망을 담은 장기 목표를 추구하는 비율은 단 2퍼센트에 불과하다.

반면 자수성가한 부자들의 99퍼센트는 하나 이상의 장기 목표를 추구하는 것으로 나타났다. 가난한 소득자는 월급을 따지고, 평균 이상의 소득자는 연봉을 계산하며, 부자는 10년치 계약금과 퇴직금 및 연금, 영업이익 이외의 소득을 생각하고 사회에 어떻게 기여할지 고민한다. 그 결과 부자들은 거시적 차원에서 계산하고 큰 그림을 보며 심사숙고한 후에 투자 결정을 내린다. 부자들이 장기적인 소망을 추구하는 원천은 다음과 같다.

가치창출

타인을 향한 기여

변화와 혁신

영향력

자아실현과 깨달음

작가 겸 자수성가한 백만장자인 스티브 시볼드Steve Siebold는 지난 30년 동안 전 세계를 돌면서 1,200여 명의 부자들을 인터뷰한 결과 최상급 부자들 역시 장기 목표지향을 결정적인 성공의 요인으로 꼽았다고 밝혔다. 일반적으로 소망을 담은 장기 목표를 정해서 추구하는 사람은 그렇지 않은 사람에 비해 성공할 가능성이 매우 높다.

스타벅스 의장 하워드 슐츠Howard Schultz, 맥도날드 전 CEO 레이 크록Ray Kroc, 델 테크놀로지스 회장 겸 CEO인 마이클 델Michael Dell도 다른 사람들이 보기에 이룰 수 없는 장기 목표를 세웠다. 하지만 성공했고 그들이 옳았다는 것이 증명되었다. 현실적인 목표를 세웠다면 그만큼 덜 성공했을 것이다.

꿈을 담은 장기 목표는 현재의 불안과 어려움을 극복하는 힘이 되며, 미래를 창조하여 더 나은 성과로 이어지게 만든다.

부자는 근시안적 본능을 버리고

소망을 담은 하나 이상의 장기 목표를 추구한다

〈오징어 게임〉을 비롯한 일확천금의 모든 신화는

인간의 약점인 근시안적 본능을 이용한다. 적금 대신 로또를 좋아하고,

기다리는 대신 당장 신용카드로 내일의 풍요를 당기기에

근시안적인 사람들에게는 영락없이 '실패'라는 꼬리표가 달라붙는다.

부자와 빈자는 장기 목표와 소망의 유무에서 차이가 난다.

빈자들이 소망을 담은 장기 목표를 추구하는 비율은

단 2퍼센트에 불과하다. 반면 자수성가한 부자들의 99퍼센트는

하나 이상의 장기 목표를 추구한다.

2.

빈자는 달콤한 꿈을 꾸고
부자는 악몽을 꾼다

○ 비극을 부르는 '집행유예 환상'

사람들은 자신의 행동에 정당성을 부여한다. 설사 비도덕적인 일을 했다 해도 다 그럴 만한 이유가 있다고 판단하며 어쩔 수 없는 선택이었다고 생각하려 한다. 하지만 자신이 믿고 싶은 것과 현실은 다르다. 이러한 감정을 잘 드러내는 정신의학 개념 중에 '집행유예 환상Delusion of Reprieve'이 있다.

집행유예 환상은 강제수용소에 막 도착한 죄수들에게 적용하는 용어다. 사형 집행 직전, 사형수는 집행유예를 받을 수도 있다고 굳게 믿는다. 사업가가 사업 실패 직전까지 성공할 수 있다고 믿는 심리와 비슷하다.

최근 코로나19로 인해 사회적 거리 두기를 하고 전 세계적으로 감염 확신이 지속되는 경고에도 불구하고 관광지를 방문하거나 유흥업소를 즐겨 찾는 사람들에게도 집행유예 환상의 심리가 나타난다.

집행유예 환상이 나쁜 심리적 기제만은 아니다. 오히려 일상생활을 하는 데 도움을 주기도 한다. 어려움과 역경을 이겨낼 힘과 희망을 주기 때문이다. 그렇다면 주식, 부동산, 펀드, 채권 등 다양한 투자상품을 매매할 때 이런 심리는 어떤 영향을 미칠까?

과학 혁명에 있어서 지대한 공헌을 한 과학자이자 고금 3대 수학자 중 한 사람인 아이작 뉴턴Isaac Newton은 주식 투자자로 알려져 있다. 사후 300년이 지난 지금까지 인류 역사상 가장 위대한 지성인으로 꼽히는 인물이지만 1720년 주식시장 역사상 첫 번째 버블 사태로 불리는 영국 남해회사The South Sea Company 주식에 투자해 전 재산의 90퍼센트를 날린 인물이기도 하다. 현재 가치로 환산하면 400~500만 달러원화 42~53억 원에 해당하는 매우 큰 금액이다.

당시 남해회사 주식은 거침없는 상승세를 보였다. 주당 주가는 연초 128파운드에서 2월 175파운드, 3월 330파운드로 급등했다. 주식 처분 이후에도 주가가 계속 오르자 다시 뛰어들었다. 주가가 1,000파운드까지 치솟은 7월에 거액을 베팅한 것이다. 보유 재산을 다 쏟아붓고도 모자라 일부는 차용까지 했다. 그러나 정점을 찍은 주식은 불과 2개월 만에 거품을 터트렸고 주가는 폭락을 거듭한 끝에 휴지조각이 되고 말았다.[41]

뉴턴의 주식투자 행태를 보면 오늘날 많은 투자자에게서 발견되는 비이성적인 면을 엿볼 수 있다. 버블이 터져 주가가 폭락하는 상황에서도 지금 잘만 버티면 나중에 더 큰 수익이 발생할 것이라며 위험을 무시한다. 이런 막연한 희망은 일을 하거나 인생을 살아갈 때 힘이 되기도 하지만 돈과 투자에 관한 한 득보다 실이 많다.

우리 주위에는 집행유예 환상에 사로잡혀 빚의 올가미에 허우적거리는 사람들이 수도 없이 많다. 수중에 현금은 없지만 평소 사고 싶은 자동차나 핸드백을 산다. 이때 무슨 생각이었는지 괜스레 비싼 것을 사고 싶어진다. 자주 구매하는 것도 아니니 이왕 살 거면 더 좋은 물건으로 사는 게 낫다고 생각하고 카드 할부로 결제한다.

월 80만 원 할부로 충분히 감당할 수 있을 거라고 판단했지만 실상 자신의 벌이에 비해 과한 소비로 이어져 신용카드 대금을 막느라 급급하다. 매월 조금씩 돈이 부족하다 보니 자금을 메우기 위해 현금 서비스를 늘려가며 생활한다. 누구한테 앓는 소리 하기도 싫어서 핸드폰 클릭 몇 번으로 대출을 받는다. 5분도 안 돼 원하는 금액이 계좌에 찍히지만 이미 부족한 할부금으로 빠져나가버린다.

그 결과 사태는 걷잡을 수 없이 악화된다. 카드론 1,000만 원은 연 20퍼센트 금리에, 연 20퍼센트가 넘는 금리의 저축은행 대출 500만 원으로 이어진다. 잦은 연체로 인해 제2금융권에서 신용대출을 받을 수 없다. 이런 와중에 대부업체로 내몰려 1,300만 원의 빚을 또 지게 된다.

이처럼 집행유예 환상에 빠지면 자신의 현재를 객관적으로 들여다보지 못한다. 매월 돌아오는 자동차 할부금, 대출원금과 이자, 카드 할부금 등을 겨우 갚아갈 뿐 현재 자신의 인생을 짓누르는 빚이 얼마인지, 이 빚을 갚기 위해 얼마의 돈을 모으고 언제까지 갚아야 하는지 알고 싶어 하지 않는다. 경제적 불안을 넘어 심리적 불안을 만드는 원천이 될까 두렵기 때문이다. 마치 교수대 위에 올라선 사람이나 느낄 을씨년스러운 기분을 맛보고 싶지 않은 것이다. 이런 사람들은 정작 교수대 위에 올라도 자신의 행동에 정당성을 주장한다.

집행유예 환상에 빠진 사람들은 오로지 돈에만 초점을 맞춘다.[42] 자신이 왜 교수대 위에 올랐는지 객관적인 원인과 분석 없이 모든 문제가 해결될 수 있을 거라고 믿는다. 이런 사고로는 절대 해결이 불가능하다.

그렇다면 부자들은 집행유예 환상에 빠지지 않기 위해 어떤 노력을 할까?

○ 세계 최고의 CEO들은 '그럼 어떡하지?'를 되뇌인다

아무리 부자라도 미래를 정확하게 예측할 수 없다. 2021년 기준 1,340억 달러의 자산을 가진 빌 게이츠도 예외는 아니다. 1987년, 빌 게이츠는 DOS/Windows와 OS/2 가운데 하나를 선택해야 하는 기로에 놓였다. 당시 IBM PC가 MS-DOS를 기반으로 한 표준이 되면서 DOS 기반의 윈도우가 우위를 점하고 있었다. 한편 마이크로소프트는 IBM과 OS/2를 구현해 DOS의 한계를 벗어나 멀티태스킹이 가능한 PC용 운영체계 개발을 공동으로 진행하고 있었다.

1987년 4월, OS/2의 1.0버전이 최초 공개되었다. 이는 PC용의 하드웨어 지원하에 이루어지는 멀티태스킹 지원 운영체제로써 현재 그래픽 인터페이스가 아닌 텍스트 모드로 동작했다. 당시 멀티태스킹은 모니터에서는 한 프로그램만 볼 수 있으며 다른 프로그램은 백그라운드에서 동작하는 것이었다. 이후 1988년에 IBM은 OS/2에 그래픽 인터페이스를 사용한 OS/2 1.1 스탠다드 에디션을 공개했다. 기술적 우위를 가진 OS/2는 새로운 바람을 일으켰고, 게이츠 역시 OS/2가 시장을 지배할 것이라 예측했다.

이러한 변화는 게이츠에게 확신보다는 '언제라도 피해를 입을 수 있다'는 불안한 마음을 떨쳐버릴 수 없게 만들었다. 'GUIGraphical User Interface는 기존 텍스트 기반의 명령어 입력 시스템보다 훨씬 편리했지만 프로그래머들이 이에 익숙해지는 데 어려움을 느끼면 어떡하지?' '버그, 속도, 호환성 등의 문제로 이미 표준으로 잡은 DOS를 넘어서지 못하면 어떡하지?' '뛰어난 안정성에도 불구하고 애플리케이션 지원을 받지 못하면 어떡하지?' '결국 OS/2가 실패하면 어떡하지?' '어떡하지? 어떡하지? 어떡하지?'

일이 잘 풀릴 때는 평화의 환상을 품을 수도 있지만, 환상은 어디까지나 픽션에 불과하다. 한순간이라도 방심하면 그 즉시 비즈니스는 공격에 취약한 상태가 된다. 빌 게이츠는 회사 내부의 반대에도 불구하고 만약의 경우를 대비해 기존 윈도우 개발을 병행했다.

걱정했던 일이 현실로 드러났다. 1988년 말, OS/2의 시장 점유율이 11퍼센트에 그친 것이다. 기대와는 달리 OS/2가 흥미를 끌지 못했고 윈도우가 시장을 강타했다. OS/2가 3년간 단 30만 카피가 팔린 것에 비해, 윈도우3는 단 4개월 만에 100만 카피가 판매되었다. 이후 게이츠는 윈도우 개발에 모든 전력을 쏟아부었다. 1992년에는 한 달에 100만 카피 이상을 팔았고, 윈도우95를 출시 한 후 단 4일 만에 100만 카피가 팔렸다.[43] 마침내 게이츠는 OS 시장에서 우월한 지위를 얻게 되었다.

일반 사람과 달리 똑똑한 부자들은 리스크를 덜 감수하면서 훨씬 월등한 결과를 낸다. 그들은 다음과 같이 자문한다. "최악의 시나리오는 무엇일까? 이 시나리오는 어떤 결과를 가져올까? 만약을 대비한 구체적인 대안이 있는가? 나의 통제를 벗어난 리스크는 무엇일까? 통제 불가능한 리스크를 최소화하는 방법은 무엇일까? 만약에? 만약에? 만약에?" 이처럼 부자들은 상황 변화에 신경을 곤두세운다.

부자의 이러한 태도를 '생산적 편집증Productive Paranoia'이라고 한다. '생명이 있는 곳엔 늘 위험이 존재한다'는 교훈을 마음에 새기며 항상 지나칠 정도의 위기의식을 갖고 좋은 시기든 나쁜 시기든 견고하면서도 유연하게 혼란에 대처한다. 고故 이건희 회장이 "삼성이 위기다" "바뀌지 않으면 죽는다"라며 삼성그룹의 위기론을 주기적으로 반복한 것도 생산적 편집증의 일환이다.

무일푼의 헝가리 이민자에서 20세기 미국 기업의 아이콘이 된 인텔의 앤디 그로브Andrew Grove 명예회장도 재직했을 때 "성공을 유지하는 비결은 기술 면에서도 시장 경쟁 면에서도 끝없이 위험에 대비하는 태도에서 나온다. 따라서 오직 편집광만이 살아남는다. 나는 편집증을 갖고 성공을 위협하는 위험 요소들을 끊임없이 주시한다"라고 강조했다.

생산적 편집증을 가진 부자들은 숨어 있는 위험을 인지하고 혹시 발생할 수 있는 위기를 경계한다. 특정 블랙스완Black Swan 사건이 발생할 확률은 1퍼센트도 안되지만, 어떤 사건이든 블랙스완이 발생할 확률은 100퍼센트에 가깝다. 단지 그 사건이 언제 일어날지 예측하지 못하는 것뿐이다. 이는《블랙스완The Black Swan》의 저자인 나심 니콜라스 탈레브Nassim Nicholas Taleb가 주장한 중대한 공헌으로 똑똑한 부자라면 누구나 인지하고 있는 통찰이다.

생산적 편집증은 두려움과 구분된다. 고공낙하나 번지점프를 하다 보면 두려움이 올 때가 있다. 이때 두려움이 당신을 사로잡으면 아무것도 할 수 없게 된다. 죽을지도 모른다는 생각에 얼어붙는 것이다. 생산적 편집증은 살아남을 방법을 미리 강구하는 것을 일컫는다. 즉 만에 하나 나쁜 경우를 설정해서 이에 대비하는 것이다. 그러면 공포가 몰려올 만큼 상황이 나빠지더라도 미리 대비했기 때문에 위기를 극복할 수 있다.

밀도 높은 생산적 편집증은 성공한 기업가나 부자들이 공통으로 지닌 속성이다. 그들은 매일같이 전투를 치르고 비즈니스를 삶과 죽음의 문제처럼 대한다. 이러한 고도의 긴장은 그들이 세계적인 부자로 우위를 점할 수 있는 에너지가 된다.

○ 빌 게이츠의 '악몽 메모'

전쟁 영화에서 흔히 볼 수 있는 장면이 있다. 어떤 부대가 치열한 전투 끝에 적군을 물리치고 큰 승리를 거두었다. 그들은 승리를 자축하기 위하여 처녀들과 어울리며 술을 진탕 퍼마신다. 술기운에 경계는 소홀해지고 대부분의 병사는 곯아떨어진다. 이후 어떤 일이 벌어질까? 적군은 이때를 놓치지 않는다. 매복해 있던 적군은 그들의 허점을 이용해 공격을 감행한다.

성공은 생산적 편집증을 무뎌지게 한다. 일이 술술 풀리다가 갑자기 꽉 막혀버린 경험을 해 보았을 것이다. 이런 경우는 생산적 편집증이 느슨해져서 보다 절박하게 매달릴 단계를 지나왔다고 판단하면 된다.

부자는 상황이 좋을 때도 높은 수준의 생산적 편집증을 유지한다. 그것이 태풍이 닥치기 전에 가장 중시해야 할 일임을 알고 있기 때문이다. 어떤 리스크가 발생할지 지속적으로 예측이 불가능하기 때문에 체계적으로 완충 방안과 충격흡수 방안을 마련한다. 부자들이 생산적 편집증을 유지하는 구체적인 방법에 대해서 살펴보자.

코로나19는 항공산업을 블랙홀에 빠뜨렸다. 세계에서 다섯 번째로 오래된 항공사인 체코항공은 2021년 3월에 파산했고, 전일본공수ANA는 5조 원의 적자를 기록했다. 국내 항공사는 여객기를 화물기로 개조하는 기지를 발휘했지만 아시아나항공과 대한항공이 합병을 꾀할 정도로 경영 사정은 최악이다. 특히 국내 저비용항공사LCC는 존폐의 갈림길에 몰렸다.[44]

코로나19로 대부분의 항공사가 적자의 늪에 빠져있을 때 서프라이즈 실적을 낸 항공사가 있다. 바로 사우스웨스트항공Southwest Airlines이다.

물론 사우스웨스트항공도 2020년 코로나19로 47년 역사상 처음 적자를 기록하는 초유의 경험을 했다. 하지만 2021년 1분기 20억 5,000만 달러의 매출에 순이익 1억 1,600만 달러 흑자를 기록했다. 코로나19 팬데믹 이후 이익을 낸 전 세계 최초의 항공사다. 2020년 주당 20달러 아래로 떨어졌던 주가는 1년여 만에 62달러 선으로 급등한 뒤 고공행진 중이다.

위기가 닥치면 의사결정 능력이 마비되기 쉽다. 일단 자세를 낮추고 안전을 도모하고 싶어질 것이다. 하지만 위기 앞에서는 이런 단순한 진리조차 잘 떠오르지 않는 법이다. 따라서 문제를 방지하려면 최소 세 단계 앞을 내다보는 행동원칙을 세워야 한다.

사우스웨스트항공은 위기에 대처하기 위하여 현금보유액을 높이고, 극도로 보수적인 대차대조표를 유지했다. 또한 불황기에도 가장 높은 신용등급을 부여받았다. 2001년 9·11테러 때도 사우스웨스트항공의 현금보유액은 국내 저비용항공사 평균보다 10배나 높은 10억 달러가 넘었고, 가장 낮은 가용 좌석 마일당 비용Cost Per Available Seat Mile을 유지했다.

1991년 6월 17일부터 20일까지 4일 동안 마이크로소프트의 주식이 11퍼센트 급락하고 빌 게이츠의 자산이 30억 달러 이상 하락하는 사건이 발생했다. 앞으로 벌어질 가능성이 있는 악몽 같은 시나리오가 가득 적힌 빌 게이츠의 메모가 유출되어 더 머큐리 뉴스The Mercury News에 실렸기 때문이다. '악몽 메모'라 불리는 이 사건으로 주가가 곤두박질치고 사람들이 충격에 빠지는 웃지 못할 해프닝을 일으켰지만, 사실 빌 게이츠는 항상 메모를 통해 미래에 올 변화를 예측하고 그에 대한 대처 방법을 고민했다.

빌 게이츠가 직접 쓴 그 메모에는 경쟁사, 기술력, 지적 재산권, 소송문제, 고객서비스의 단점과 같은 걱정과 위협 요소들이 가득했다. 심지어 "우리 회사에 닥친 이런 악몽은 현실이다"라는 내용까지 있었다. 그런데 이 악몽 메모를 작성했을 때는 윈도우가 지배적인 소프트웨어로 포지셔닝하고 동종 업계에서 가장 강력한 주자로 급성장하고 있던 시기였다. 악몽 메모가 빌 게이츠의 생산적 편집증을 유지하기 위한 일환이었는데 사람들이 이를 실제 상황으로 믿어버린 것이다.

사우스웨스트항공과 빌 게이츠의 사례처럼 부자들은 세 단계 앞을 내다보며 더 보수적이고 위험 회피적인 방법으로 자산을 관리한다. 시장이 좋으면 수익률에 신경을 쓰지만, 시장이 안 좋을 때는 리스크 관리에 더 치중한다. 경제 재앙이 규칙적으로 되풀이된다는 사실을 인지하고 근시안적인 생각을 하거나 어리석게 낭비하지 않는다. 이것이 집행유예 환상에 빠지지 않고 경제 재앙의 한복판에서 견뎌내고 성장할 수 있게 하는 힘이 된다는 사실을 잊지 않는다.

동전을 던져서 앞면이 나오면 좋은 운이고, 뒷면이 나오면 나쁜 운을 만났다고 치자. 빈자는 확률에 의지하며 앞면이 나오기를 기대할 뿐이다. 하지만 생산적 편집증을 가진 부자는 뒷면만 나올 수 있는 상황에 미리 대처한다. 그 덕분에 부자들은 경기가 좋을 때나 나쁠 때나 부를 쌓을 수 있다.

○ 부자는 눈앞의 고릴라를 발견한 사람

나는 행동심리학 강연을 할 때 미국의 심리학자인 대니얼 사이먼스Daniel Simons와 크리스토퍼 차브리스Christopher Chabris의 유명한 실험을 종종 보여준다. 참가자들에게 흰색 셔츠를 입은 세 명과 검은색 셔츠를 입은 세 명이 두 팀으로 나뉘어 동그랗게 모여 농구공을 서로 패스하는 영상을 보여주며, 흰색 셔츠를 입은 팀의 패스 횟수를 세라는 과제를 낸다. 이때 중간에 고릴라 옷을 입은 사람이 등장해 고릴라처럼 가슴을 두드린 뒤 퇴장했고, 수업 참가자의 30퍼센트만이 존재를 알아챘다.

우리는 인생 대부분의 시간 동안 눈앞에 직면한 업무와 활동에 초점을 맞춘다. 오늘 할 업무를 계획하고 장기 프로젝트의 중간 점검을 하고 실시간으로 고객의 요구사항에 응대하며 시간을 보낸다. 그래서 우리는 바로 눈앞의 고릴라를 쉽게 보지 못한다.

부자들은 목표에 집중하는 동시에 환경변화에 굉장히 예민하다. 급변하는 위협에 직면했을 때 얼어붙거나 즉각적으로 반응하지 않는다. 그들은 위협과 비대칭적인 상황에서도 환경변화를 먼저 감지하고 세부 속성을 따진다. 그래서 그들은 패스 횟수를 세는 동시에 고릴라를 발견한다.

미 경제전문지《포브스》가 2020년 발표한 포브스 400대 미국 부자 순위를 보자. 기존 부자들의 이름이 대다수 유지되면서도, 순위에 새로 진입한 줌Zoom의 CEO인 에릭 위안Eric S. Yuan이 전 세계의 눈길을 모았다. 151억 달러의 자산을 보유한 에릭 위안은 2020년《타임》지가 선정한 가장 영향력 있는 100인에도 오르는 등 성공가도를 달리고 있다.

그의 성공을 단순히 코로나19 특수로만 보긴 어렵다. 그는 시장의 환경변화와 온라인 화상회의 가능성을 미리 읽고 코로나19가 발생하기 9년 전 엔지니어 40명과 독립해 줌을 설립했다. 그가 시장의 수요를 미리 인식하는 능력은 고릴라를 발견하는 능력과 같다. 생산적 편집증은 거시적 시장의 환경변화를 동반한다.

부자는 견고하고 유연하게 혼란에 대처한다

집행유예 환상에 빠지면 자신의 현재를 객관적으로 들여다보지 못한다.

부자들은 생산적 편집증을 마음에 새기며

항상 지나칠 정도의 위기의식을 갖고 좋은 시기든 나쁜 시기든

견고하면서도 유연하게 혼란에 대처한다.

3.

빈자는전문가에게답을구하고
부자는스스로답을찾는다

○ **권위 있는 경제 예측은 모두 빗나갔다**

전 세계 의료 강대국이라 불리는 미국, 독일, 일
본의 임상의사는 153만 명미국 86만 명, 독일 36만 명, 일본 31만 명에 달한다.
국내 임상의사도 약 12만 명2019년 기준에 이르렀다.[45] 의사가 되기
위해 본과 실습생, 인턴, 전공의 레지던트, 치프 레지던트, 펠로
우, 조교수 등의 과정을 거쳐 10년 넘게 심층적인 수련과 경험을
쌓는다. 그런 의사들은 일반인들에 비해 질병과 의료분야에 지식
적으로 매우 똑똑하다. 하지만 코로나19 팬데믹이 일어날 타이
밍에 대해서 정확히 예측한 사람은 단 한 명도 없었다.

더 놀라운 점은 코로나19를 오진이나 오판한 의사의 사례가
적지 않다는 것이다. 일본의 가나가와현 소재 아쓰기厚木시립병
원에서는 20대 남성 및 60대 여성 환자의 코로나19 진단검사 결

과를 담당의사가 잘못 해석해 2명 모두에게 '음성' 결과를 통보했다. 뿐만 아니라 영국의 최고과학보조관인 패트릭 발란스Patrick Vallance는 영국의 집단면역을 언급하면서 코로나19가 계절독감처럼 매년 발생하는 질병이 될 가능성이 있다고 진단했다. 그러나 이 역시 완전한 오판이었다.

집단면역은 코로나19 감염자 대부분이 가벼운 증상을 보일 것이라고 예측했다. 그러나 실제로 코로나19는 독감과 비교할 수 없을 만큼 치명률이 높았다. 참고로 영국은 1901~2017년 생리의학·물리·화학 분야 노벨상을 받은 사람만 87명이다. 코로나19와 같이 정체불명의 바이러스에 대한 의료진의 오진은 모든 진단 중 20퍼센트에 달한다. 이 중 절반은 생명에 위협적인 심각한 증세를 야기할 수 있다.

경제 분야에서도 어렵지 않게 이런 예를 찾을 수 있다. 그 대표적인 예가 2008년 세계 금융 위기다. 미국에서 서브프라임모기지론 문제의 심각성이 드러난 것은 2007년 여름이었는데, 그 직전인 2006년 4월에 국제통화기금IMF이 발표한 보고서의 내용을 보면 다음과 같다.

얼마 전 금융시장에 일시적인 혼란이 발생했지만 세계경제는 2007년과 2008년에도 높은 성장세를 유지할 것으로 보인다. 미국의 경기는 이전에 예측한 것보다는 둔화되고 있지만 다른 국가

에 대한 파급효과는 한정적이어서 세계경제는 지속적으로 성장할 것으로 보인다.[46]

전 세계적으로 사회에서 일어나는 경제 현상을 분석하고 연구하는 경제학자의 수는 100만 명이 넘는다. 하지만 대부분의 경제 예측은 결정적인 국면에서 모조리 빗나갔다.

미국 부동산 시장의 버블이 붕괴할 때도 그 결과가 어떻게 채무불이행으로 이어지고 신용 부도 스와프의 붕괴를 거쳐 경제 위기로까지 확대될지 예언한 사람은 없었다. 또한 미국은 33번의 경기침체 기간을 합산하면 총 48년간 경기침체를 겪은 셈인데, 이 33번의 경기침체 중 하나라도 예측한 사람은 '0'에 가깝다.

아울러 수십 년간 최고의 외교 정책 전문가였던 사람들이 독일의 평화로운 방식으로 통일을 맞이할 가능성이 별로 없다고 예측했다가 축하의 불꽃이 해방된 베를린 하늘을 가득 채우자 마침내 견해를 바꿨다.

○ 당신은 노벨상의 권위를 이길 수 있는가?

우리는 권위자가 쏟아내는 이론, 규칙, 원칙, 실험을 지혜라고 여기며 그들의 말을 그대로 받아들인다. 그리고 우리는 지적 능력과 직관과 권력을 권위자에게 고스란히 내준다. 권위자는 정답을 알고 있고 우리는 하라는 대로 한다. 이 같은 경향을 행동심리학 용어로 '권위자 편향Authority Bias'이라고 한다.

한 실험에서 한 성인 집단에게 전문가의 충고를 고려해 금융과 관련된 의사결정을 내리게 했다. 이들이 결정을 내리는 동안 연구자들은 fMRIfunctional MRI 스캐너로 그들의 두뇌를 측정했다.[47] 결과는 놀라웠다. 전문가의 충고에 직면했을 때 피험자의 두뇌 중 독립적인 의사결정을 담당하는 부위는 거의 꺼놓은 것처럼 활동을 멈췄다. 전문가가 말할 때 우리는 스스로 생각하기를 중단한다. 문제가 있을지도 모른다는 의심조차 하지 않는다는 점에서 정말이지 무서운 상황이다.

권위자 편향은 같은 전문가 집단은 물론 상하관계에서 더욱 공고히 드러난다. 어떤 실험에서 의사가 안드로겐Androgen 20밀리리터를 처방하라고 지시했다. 그러자 통상 처방하는 양은 5밀리리터이고, 절대로 10밀리리터를 넘지 말라는 경고가 붙어 있었는데도 불구하고 간호사 21명 가운데 20명이 의사의 지시를 따랐다. 실험 중이 아니어도 권위자에 대한 복종은 비슷하게 나타난다. 어떤 설문에는 응답한 간호사의 절반 가까이가 "의사가 내린 지시가 환자에게 악영향을 끼칠지도 모른다고 생각되었음에도 불구하고 의사의 지시를 이행한 일이 있다"라고 대답했다.[48]

이렇게 권위자 편향이 위험할 수 있다는 것을 알고 있음에도 권위자는 왜 자신의 의견을 반복적으로 고집할까? 미국의 물리화학자인 라이너스 폴링Linus Pauling은 1954년에 노벨화학상을, 1962년에 노벨평화상을 수상한 현대 화학의 거장이다. 폴링은 1970년대에 비타민C가 특효약이라고 확신했다.

그는 비타민C를 다량 섭취하면 흔한 감기는 물론 다른 어떤 병도 물리칠 수 있다고 주장했다. 주장에 실질적인 증거는 없었지만, 폴링이 화학 분야에서 노벨상을 받았으므로 많은 사람이 그가 가진 전문지식이 합리성에서 도출되었다고 믿었다.

사실 폴링은 비타민 C를 옹호하기 시작했을 때부터 이미 과학적 기준을 적용하지 않고 있었다. 그는 1960년대 후반부터 자신이 의사라고 주장한 어윈 스톤Irwin Stone이라는 사람의 충고를 듣고 비타민C를 복용하기 시작했다.

스톤은 폴링에게 하루에 비타민C 3,000밀리그램1일 권장량의 50배에 해당하는 양을 복용하면 25년을 더 살 수 있다고 말했다. 그러나 스톤 박사가 받은 학위라고는 비인가 통신대학과 지압을 가르치는 의과대학의 명예학위가 전부였다.[49]

폴링은 그의 말을 믿고 비타민을 마구 섭취하기 시작했다. 그는 곧바로 기적과도 같은 효과를 느꼈다. 복용한 약이 증상을 호전시킬 거라는 말을 들은 사람들이 실제로 몸이 나아졌다고 생각하게 되는 현상과도 같았다. 현명한 관찰자라면 이러한 현상이 치료에 전혀 도움이 되지 않는 가짜 약제를 환자가 의학이나 치료법으로 받아들임으로써 실제로 치료 효과가 나타나는 '플라세

보 효과placebo effect'임을 의심해볼 수 있다. 그러나 과거에 이룬 폴링의 뛰어난 업적으로 인해 동료들은 그의 말을 진지하게 받아들였고 결국 폴링의 주장을 검증하기에 이르렀다.

검증 결과 동료 누구도 비타민C의 효과를 밝혀낼 수 없었지만 폴링은 이를 받아들이려 하지 않았다. 펜실베이니아 대학의 소아과 의사이자 감염 질병 전문의인 폴 오핏Paul Offit박사가 나중에 썼듯이, "연구를 거듭한 결과, 폴링이 틀렸다는 사실이 점점 더 확실하게 입증되었다. 하지만 폴링은 그 사실을 믿지 않고 연설과 칼럼, 책을 통해 비타민C에 대한 홍보를 계속했다. 가끔 감기 증상이 분명한 상태로 미디어에 출연할 때도 그는 알레르기 증상이라고 우겼다."

1970년대 내내 폴링은 자신의 주장을 확장해 나갔다. 그는 비타민이 암, 심장병, 나병, 정신병을 포함한 모든 병을 치료할 수 있다고 주장했다. 나중에는 에이즈와 싸우는데도 비타민C를 고려해보라고 제안하기에 이르렀다. 물론 비타민 회사는 노벨상 수상자를 수호성인으로 모시게 되어 매우 흡족해했다. 오래지 않아 비타민 보충제 시장은 크게 확장되었다.

하지만 실은 비타민 과다 복용이 위험하다는 사실이 밝혀졌다. 특정 암과 뇌졸중 유발 가능성을 높인다는 점도 여기에 포함된다. 결국 폴링은 자신의 명성에만 흠집을 낸 게 아니라 수백만 명에 이르는 사람들의 건강에 해를 끼친 셈이 되었다. 오핏의 말대로 "두 차례의 노벨상을 받을 정도로 눈부시게 옳았던 사람이, 세상에서 가장 끔찍한 돌팔이 의사라고 말할 수 있을 정도로 어이없게 틀렸던 것이다".

지금까지도 비타민이 잔뜩 들어간 커다란 알약이 많은 병을 물리칠 수 있다고 생각하는 사람들이 있다. 이미 과학자들이 제대로 된 검증 과정을 통해서, 폴링의 주장이 틀렸음을 분명하게 입증했는데도 불구하고 말이다.[50]

폴링은 93세에 전립선암으로 숨졌다. 폴링은 장수한 비결이 비타민C를 장기 복용했기 때문이라고 확신했을 것이다. 하지만 스톤 박사가 그에게 장담한 대로 25년을 더 살았는지 결코 알 수 없다.

권위자들은 인정받고 싶어 한다. 그래서 그들은 지적 권력을 끊임없이 드러내고 사회적 평판을 얻기 위해 위험을 감수한다.

2005년, 한 연구에서 과학자들에게 개인적으로 미심쩍은 연구 활동을 한 적이 있는지 물었다. 이때 약 2퍼센트의 과학자들이 데이터를 두 번 이상 조작, 위조 또는 수정했다고 자백했다. 그리고 동료들이 이런 행동을 하는 것을 목격했냐고 물었을 때 이 물음에 긍정한 비율은 14퍼센트로 올랐다.

명백한 조작, 위조, 표절처럼 중죄에 해당되지 않더라도 다소 의심스러운 연구 관행을 저질렀는지에 대해 물었을 때는, 응답자의 33퍼센트가 자신의 주장에 모순되는 발견을 무시하는 식의 다소 찜찜한 연구에 관여한 적이 있다고 인정했다. 또 응답자의 72퍼센트는 동료 연구자가 그런 옳지 못한 행위를 저지르는 것을 목격했다고 주장했다.[51]

권위자는 자신의 의견을 절대 굽히지 않는다. 실제로 권위자들은 자신이 아는 진실을 고집하는 경향이 강하다. 그 진실이 유통기한을 훨씬 넘겼어도 그럴 때가 많다.

영국의 심리학자 피터 웨이슨Peter Wason은 권위자들에게서 보통 사람들보다 자기 자신에게 유리한 정보만 선택적으로 수집하는 확증편향이 더 쉽게 발견된다고 강조했다. 뿐만 아니라 이들은 자신의 지위를 공고히 하기 위해 특정 표식을 만든다. 의사들의 하얀 가운, 왕의 왕관, 법관의 법복, 검은 박사복이 그렇다.

그리고 오늘날에는 또 다른 표식들이 추가되었다. 유튜브 구독자 수, SNS 팔로우 수, 출간 저서, 매스컴 출연 등이 유명하거나 전문성 있는 사람이라는 표식이 된 것이다.

○ "그래서 얼마나 버셨어요?"

권위자들이라고 해서 항상 올바른 판단을 내리는 것은 아니다. 권위 있는 의사가 6번 중 1번은 오진을 한다는 사실을 알고 있는가? 병원에서 사망하는 환자 12명 중 1명은 오진으로 죽는다는 말이다. 진단이 좀 더 정확했다면 환자 중 절반은 살 수 있다는 말이다.[52] 그렇다면 대체 누구를 믿고 어떻게 판단해야 할까?

자신이 직접 전문가가 돼라. 데카르트가 말했듯이 직접 전문가가 되어 의심할 수 있는 모든 것을 찾아 스스로 해답을 찾아라. 다른 전문가가 제안하는 '2+2=5'를 그대로 믿을 수는 없지 않겠는가? 에이즈 발생 초기에 의학 교육을 받은 적도 없고 과학자도 아니었던 미국의 에이즈 환자들은 직접 전문가가 되는 방법을 선택했다.

에이즈 운동가이자 펑크 로커인 브렌다 레인은 전문 용어를 이해하려고 과립대식세포집락자극인자GM-CSF에 대한, 두께가 30센티미터쯤 되는 책을 열 번이나 읽었다. 그래서 1980년대 후반 바이러스학, 분자생물학, 면역학, 생물정역학에 놀랍도록 정통한 에이즈 환자 집단이 생겼다.[53]

첫 번째 방법은 확실하기는 하나 시간과 노력이 많이 든다. 좀 더 쉬운 방법은 없을까? 흔히 전문적인 기술과 지식을 갖춘 훌륭한 사람에게 '구루Guru'라는 이름을 붙여준다. 주식시장에도 구루가 있다. 구루는 정기적으로 각종 미디어에 등장해 주가를 예측하고 권위자가 된다. 주식시장의 구루는 모든 걸 꿰뚫어 보고 미래시장에 무슨 일이 일어날 지 앞다투어 자랑하고, 왜 그 일이 일어났는지 다 안다고 주장한다. 이러한 권위를 바탕으로 투자자들을 끌어들여 안정, 수익, 성공하는 길을 알려준다. 그러고는 실제 위기가 닥치면 그 위기의 발생 시점과 시장에 미친 영향을 제대로 예측하지 못하고 투자자들의 재산에 손해를 입힌다. 이런 경우 부자들은 이렇게 반문한다.

"그래서 얼마나 버셨어요?"

시장의 변화와 재앙을 미리 알고 있던 주식의 구루는 자신들의 지식으로 얼마나 많은 수익을 올렸을까? 자신의 능력을 앞세운 수많은 주식의 구루들이 먹고살기 위해 여전히 언론에 나와 전망을 밝히고, 부자가 되는 책을 시리즈로 출간하는 걸로 볼 때 많이 벌지는 못한 것 같다. 그들도 실제로는 자신들의 예측에 확신이 없었을 것이다. 그렇지 않다면 여전히 수고스럽게 다양한 미디어에 출연하고, 책을 출간하는 활동을 할 필요가 없을 테니 말이다.

《사소한 것에 목숨 걸지 마라Don't Sweat the Small Stuff》의 저자이자 베스트셀러 작가인 리처드 칼슨Richard Carlson은 보다 직설적으로 "성공한 사람이 아니라면 조언을 구하지 말라"라고 강조한다.

○ 때로는 전문가의 조언보다 나의 경험이 강력하다

1945년에 샘은 자신의 노력으로 번 돈 5,000달러와 장인에게 빌린 돈 2만 달러를 밑천으로 아칸소주의 시골 마을에 가게를 열었다. 샘은 하루도 빼놓지 않고 새벽부터 늦게까지 일하며 '어떻게 하면 상품을 좀 더 싸게 팔 수 있을까' 하고 연구했다.

이후 샘은 대형 유통업체와 직접적인 경쟁을 피하기 위해 인구

5만 명 미만의 소도시에 할인점을 내고, 그 지역의 80퍼센트를 장악하는 전략을 구사했다. 그런데 그의 의견을 들은 유통전문가와 관련 지식 권력자들은 소도시에 점포를 내면 얼마 못 가 망할 것이라고 비웃듯 경고했다. 대형 할인점이라면 유동인구가 많은 곳에 내야 한다는 사회 동념이 지배석이었다. 이때 샘은 유통전문가들에게 이렇게 물었다.

"그래서 당신은 얼마나 벌었어요?"

유통전문가의 의견을 보기 좋게 무시한 샘은 자신의 브랜드를 내걸고 영업한 지 30년 만에 미국 내 매출액 1위의 기업을 탄생시켰다.

현재 샘의 회사는 전 세계 모든 기업을 통틀어 매출액 1위, 종업원 수만 230만 명이 넘는 초유의 대기업으로 성장했다. 이 스토리의 주인공은 월마트의 설립자 샘 월튼Sam Walton이다.

부자가 되고 나서도 월튼은 검소한 생활을 했다. 저렴한 옷을 입고, 월마트 로고가 쓰인 야구 모자를 쓴 채 트럭을 몰고 다녔다. 머리를 깎을 때도 허름한 동네 이발소를 애용했다. 그는 1달러의 가치를 소중하게 생각하는 자신의 신념을 자녀들에게도 물려주며 이렇게 말했다.

"나는 어릴 때부터 1달러를 벌기 위해 얼마나 힘들게 일해야 하는지 열 살이 되기 전에 깨달았다. 월마트가 낭비하는 1달러는 고객의 주머니에서 나온 것이다. 고객을 위해 1달러를 절약할 때 우리는 경쟁에서 한 걸음 앞으로 나아간다."

유통전문가와 관련 지식 권위자들이 월튼의 경험적 지식과 돈의 철학을 뛰어넘는 부의 심리를 알 턱이 없다. 어떤 사람이 모든 걸 예상하고 당당하게 말하면 그래서 얼마를 벌었는지 물어보라. 그러면 권위자 편향은 끝날 것이다.

샘 월튼의 판단에는 설득력 있는 근거가 있다.

일반인과 투자 전문가들을 대상으로 주가를 예측해 달라고 하면서 그들의 예측이 맞을 확률을 적게 했다. 일반인과 투자 전문가 모두 전문가가 더 정확하게 예측할 것이라고 생각했다. 그러나 일반인과 전문가의 예측은 거의 비슷했다. 두 집단은 모두 과도하게 낙관적이었고 예측은 정확하지 않았다. 투자 전문가들은 40퍼센트 정도 정확히 진단했는데, 이는 동전 던지기로 예측하는 것보다 낮은 확률이었다.[54]

1970년대 초, 공상 과학 소설가 로버트 하인라인Robert A. Heinlein은 나중에 두고두고 인용될 명언을 말했다.

"전문가는 벌레들한테나 어울리는 방식이다."

그는 "진정으로 유능한 인간이라면 기저귀를 가는 일부터 전함을 지휘하는 일까지 못하는 일이 거의 없어야 한다"고 일갈했다.

자신의 기준과 신념에 부합한다거나, 전문가의 조언이 듣고 싶었던 내용과 일치한다는 이유로 선택하지 마라. 전문가의 견해가 내 견해와 일치한다고 해서 항상 옳은 건 아니다.

2011년 미국의 대형 백화점 체인 JC페니는 그들의 신념과 부합한 전략을 구사한 애플스토어의 경영전문가 론 존슨을 CEO로 영입해 동일한 경영전략을 구사했다. 존슨이 CEO로 취임한 이후 JC페니의 매출은 1년 만에 25퍼센트 급감했고, 비용 절감을 위해 직원을 2만 명이나 해고했는데도 연간 손실액은 10억 달러에 달했다. 결국 존슨은 1년 반 만에 해임됐다. 현명한 의사결정을 내리고자 한다면 자신의 의견과 완전히 다른 견해도 흔쾌히 받아들일 수 있어야 한다.

전 세계 47개국에서 117개의 호텔을 운영하는 포시즌스 호텔의 창업자 이사도어 샤프Isadore Sharp는 권위자 편향을 이긴 대표적인 인물이다. 건설업자인 그는 1961년 토론토에서 100실 규모의 호텔을 성공시키고, 1970년 영국 런던에 본격적인 럭셔리 호텔 사업을 시작할 계획이었다. 이때 많은 권위자와 해당 분야의 전문가, 투자자들이 그를 말렸다. 당시 영국은 돌체스터, 사보이, 리츠 등 5성급 호텔이 이미 포화 상태였기 때문이다. 그런데도 그가 도전을 지속하자 전문가들은 그를 '어리석은 캐나다인'이라고 조롱했다.

샤프는 주 고객층이 가진 불만에 집중했다. 장시간 비행기를 타고 밤늦게 호텔에 도착했는데 10시 이후에 문을 연 식당이 없었고, 24시간 세탁서비스, 헬스장 등도 운영되지 않았다. 그래서 그는 24시간 룸서비스와 식당운영, 세탁서비스, 헬스장을 비롯해 구두닦이, 다림질 서비스, 에어컨 실치, 대형 샤워 타올, 샴푸, 금연층 운영 등 현대 호텔들이 서비스하고 있는 다양한 서비스제도를 최초로 도입했다. 샤프는 올해 90세의 노장임에도 여전히 건강하게 회장직을 유지하고 있다.

모르는 분야일수록 권위자 편향에 휘둘리기 쉽다. 하지만 그들이 나의 부와 인생을 책임지지는 않는다. 만약 권위자의 주장이 확실하다면 내가 행동하기 전에 먼저 그들이 부와 명예를 쟁취했을 것이다.

Point

권위자라고 항상 옳은 것은 아니다

권위자라고 해서 항상 옳은 판단을 내리는 것은 아니다.

하지만 대부분 사람들은 권위자 편향에 빠져 생각하기를 멈추고

문제가 있다고 의심하지 않는다. 이때 부자들은 이렇게 묻는다.

"그래서 당신은 얼마나 벌었나요?"

4.

빈자의 위험한 주문
"다 잘될 거야"

 ○ **마음먹으면 안 될 일이 없다? 안 되는 일도 있다**

서울 명동에서 30년간 식당을 운영한 최 대표는 손님 걱정 없이 장사를 해왔다. 명동에서 알려진 식당이었고, 고기도 최상급으로 취급해 외국인들도 필수 관광 코스로 찾는 식당이었다. 그런데 지금은 사정이 달라졌다. 금요일 저녁에 식당을 찾았는데, 손님이 한 테이블도 없었다. 평소 금요일 저녁이면 예약이 꽉 차고, 밤 늦게까지 북적거리고는 했다. 그때와 확연히 비교되는 상황이었다. 월급이 감당되지 않아서 10명이던 홀 직원도 모두 내보냈다. 현재 일하는 아줌마도 아르바이트로 쓰고 있다. 장사가 안 되는 원인은 전 세계를 강타한 코로나19 때문이었다.

나와 대화하던 중에 최 대표는 참았던 눈물을 쏟아내며 이렇게 말했다.

"극단적인 생각까지 했어요. 제가 30년간 명동에서 장사를 하면서 7남매를 키웠어요. 이번처럼 힘들고 어려웠던 적은 처음이에요. 지금 제가 매달 계속 빚을 지잖아요. 매출은 1/10로 줄어서 빚이 계속 늘어요. 제가 명동에서 제일 부지런한 사람으로 소문났는데, 왜 이런 일이 닥쳤는지 모르겠어요."

최 대표는 눈물을 닦으며 다음과 같이 강한 의지를 드러냈다.

"항상 어려움을 극복해왔어요. 이번 일도 저의 의지대로 극복할 수 있을 거예요."

안타깝게도 일 년 후 최 대표의 식당 자리에 다른 점포가 들어섰다.

내 미래를 예측할 수 있는가? 마음만 먹으면 못할 것이 없다는 생각에 적극적으로 찬성표를 던진다. 밤새워 공부하면 성적은 당연히 오르고, 많은 사람들을 만나고 열심히 뛰어다니다 보면 매출실적은 오르며, 연습에 연습을 거듭하면 프로급 선수가 될 것이라고 확신한다. 즉 많은 사람이 삶 대부분을 자신이 통제할 수 있다고 믿는 것이다. 특히 시중에 나와 있는 자기계발서를 읽어보면 마음먹고 실천하면 이루지 못할 일이 없다. 누구나 경제 전문가가 되어 부자가 되고, 베스트셀러 작가가 되고, 각 분야의 전문가가 된다. 자신만 열정과 노력으로 무장하면 상황은 얼마든지 통제할 수 있고 미래는 희망으로 가득 차 보인다.

과연 그럴까? 그렇다면 명동에서 제일 부지런한 사람으로 소문났던 최 대표는 왜 식당을 접어야 했을까?

국세청 자료에 따르면 코로나19 발생 후 2020년 음식점업 개인사업자의 폐업률은 18.1퍼센트로 전산업 평균 10.9퍼센트보다 7.2퍼센트 포인트 높았다. 2020년 음식점업을 영위한 개인사업자는 75만 1,008명으로 이 중 13만 5,926명이 폐업했다.

폐업한 사람들이 사업 초기에 성공할 것이라고 판단했던 비율은 96퍼센트에 달했다. 그런데 자영업자의 폐업율이 '높지 않다' 또는 '낮아지고 있다'는 언론의 보도를 심심찮게 볼 수 있다. 안타깝게도 그 원인은 정부의 금융 지원, 폐업 시 자영업자 손실 보상 제외 우려, 권리금 상실 가능성, 다른 업종으로의 전환 어려움 등이 복합적으로 작용한 데 따른 결과로 파악된다.

폐업자의 비율이 낮은 이유는 대출액 규모를 보면 알 수 있다. 2020년 3분기 자영업자의 대출액 규모는 887조 5,000억 원으로 전년 대비 29.3퍼센트나 증가했다. 자영업자 다중채무자 비중은 전체 자영업자 대출자의 56.1퍼센트까지 늘었다.

심리학에서는 인간의 이러한 현상을 '통제의 환상Illusion of Control'이라고 한다. 통제의 환상은 사람들이 외부 환경을 원하는 방향으로 통제할 수 있거나 의지대로 바꿀 수 있다고 믿는 심리적 상태를 말한다. 통제의 환상은 생각보다 깊이 뿌리박혀 있다.

사람들은 자신이 운전할 때보다 다른 사람이 운전하는 차를 탔을 때 사고를 당할 가능성이 높을 것이라고 생각한다. 복권의 번호를 자신이 직접 선택하든 자동으로 선택하든 확률은 동일한데도 자신이 직접 번호를 선택해야 당첨될 가능성이 더 높다고 생각한다. 에너지 절약을 위해 엘리베이터 닫힘 버튼이 작동하지 않는다는 것을 알고 있으면서 닫힘 버튼을 열심히 눌러대는 사람도 통제의 환상에 빠진 경우다.

다음 실험은 사람들의 통제적 환상의 심리를 잘 보여준다.

실험 참가자들에게 동전 던지기를 해서 그림이 있는 앞면이 나오는지, 숫자가 있는 뒷면이 나오는지 맞춰보게 했다. 실험 후 참가자들에게 자신의 예측 능력이 어느 정도 되는지 0에서 10까지 숫자로 점수를 매기라고 했더니 참가자들은 평균 6.2에 표시를 했다. 자신의 능력이 중간보다 높은 수준이라고 여긴 것이다. 흥미로운 점은 참가자들의 42퍼센트는 연습을 통해 예측 능력을 높일 수 있으며, 약 28퍼센트는 동전 던지기 실험을 할 때 딴생각을 하면 예측 능력이 낮아진다고 생각했다. 집중하면 예측 능력이 향상될 수 있다고 판단한 것이다.

○ 스스로 통제할 수 있다고 믿은 이들의 공동묘지

동전 던지기 실험에서 확인한 통제의 환상은 투자의 영역에도 그대로 적용된다. 대부분의 개미 투자자들은 주가를 예측할 수 있다고 믿는다. 만약 우연히 주가가 폭등했다고 가정해보자. 이런 경우에도 자신이 예측한 것이 맞아서 수익을 올렸다고 판단한다. 그런데 여기서 끝이 아니다. 우연치 않은 수익을 올렸을 경우 자신에게 주가를 예측할 수 있는 대단한 능력이 있다고 착각한다. 결국 과도한 낙관주의에 빠져 위험한 투자를 감행한다. 마치 범 무서울 줄 모르는 하룻강아지처럼 이들은 통제의 환상에 사로잡혀 투자 수익률을 올리기 위해 뛰어든다.

주식매매방<small>개인 전업 투자자들이 모여서 주식 거래를 하는 임대 공유 사무실</small>의 관리자인 이운학 씨는 13년 동안 매매방을 운영하며, 2,000여 명의 입실문의자를 상담했다. 그는 입실을 희망하는 사람들의 부류는 육체 노동자부터 수십 억대 자산가까지 다양했지만 전업을 결심하게 된 이유는 공통적으로 주식·파생상품 매매로 '쉽게 돈을 벌 수 있다는 낙관주의'라고 분석했다.

과도한 낙관주의를 이해할 때 특히 주목할 점은 일반적으로 실패의 경험에도 불구하고, 자신의 경우는 다르게 성공적일 것이라는 선민의식<small>選民意識</small>에 기반을 둔 기대감이 저변에 깔려 있다는 것이다. 즉 투자에 실패했음에도 과도한 낙관주의는 사라지지 않고 오히려 '나는 가능하다' '더 열심히 매진해 봐야겠다'는 결단과 투자의 동력으로 작용한다.

이를 검증하기 위해 하버드대 심리학자인 엘렌 랭어<small>Ellen Langer</small> 교수는 동전 던지기 실험을 할 때 변화를 주었다. 실험 참가자들이 그림이 있는 앞면 또는 숫자가 있는 뒷면을 맞췄을 때 진행자는 고개를 저어 정답을 맞추지 못한 것처럼 반응했다. 실험이 끝난 후 참가자들에게 실패의 원인을 물어보았다. 그들이 대답한 실패의 원인은 '나쁜 운'이었다. 실패의 원인을 자신의 능력 때문이 아니라 우연으로 본 것이다.

내가 알고 지내던 조 대표는 코로나19로 교육사업에 타격을 입은 후 주식에 투자에 자신감을 비췄지만 손해를 만회하지 못하고 빚만 더 늘었다. 그는 실패의 원인을 이렇게 표현했다.

"운이 좋지 않군. 아직 때가 되지 않은 것 같아, 내 예측은 아직도 유효해."

우리는 동전 던지기 실험에서 어떤 면이 나올지 정확히 예측할 수 없다는 것을 알고 있다. 하지만 투자의 관점에서 보면 '나는 충분히 성공적인 투자를 할 수 있을 거야!'라고 쉽게 생각한다. 자기 주변을 통제할 수 있다고 착각하기 때문에 적극적으로 투자하고 거래하면서 결국 손해를 본다. 사소한 부정적인 조건이야 자신의 노력, 성실함과 전문지식으로 극복할 수 있다고 믿는다. 모든 것이 변하고 있고 모든 것이 여러 관점에서 각각 다르게 보인다는 사실을 망각한다.

고급 외제 스포츠카를 타고 시속 280킬로미터 이상 주행하며 속도 경쟁을 벌이는 폭주족이 검거되자 경찰이 물었다.

"위험하게 왜 그렇게 과속하나?"

폭주족은 대답했다.

"통제가 되니까 그렇게 달릴 수 있는 거예요."

공동묘지는 모든 걸 통제할 수 있다고 믿은 사람으로 가득하다. 고졸 영업사원에서 미국 전자제품 소매체인의 최강자인 베스트바이의 CEO에 올랐다가 회사 돈을 유용한 의혹과 부하 직원과의 불륜으로 사임한 브라이언 던Brian Dunn, 미국 셰일가스 개발 붐을 주도한 전 체서피크에너지Chesapeake Energy CEO로 명성을 날리다가 반독점 혐의로 기소된 지 하루 만에 교통사고로 숨진 맥클렌던Aubrey McClendon, 멕시코만 원유 유출 사태의 당사자인 영국 석유회사 브리티시페트롤리엄BP의 최고경영자 토니 헤이워드Tony Hayward, 소셜 게임사 징가의 실적 부진으로 CEO의 연봉이 1달러로 삭감되는 굴욕을 맛본 마크 핀커스Mark Pincus, 스페인에서 은행장으로 재직 시절 공금을 유용한 혐의로 징역 4년 반의 실형을 선고 전 국제통화기금IMF 총재 로드리고 라토Rodrigo Rato 등은 처참하게 망한 이들의 이야기가 자신의 삶이 될지도 모른다고 생각했을까?

전 브리티시페트롤리엄 CEO인 토니 헤이워드는 2010년 미국 멕시코만 원유 유출로 심각한 환경 재앙을 불러일으켰을 뿐 아니라 100억 달러 이상의 손실을 보았다. 그러나 놀라운 점은 헤이워드가 무슨 일이 벌어질지 사전에 정보를 갖고 있었음에도 이를 간과하고 2005년 미국 텍사스 정유공장에서 대형 폭발사고를 겪었다. 이후 재발방지 대책을 내놓았지만 이 또한 무시했고,

5년 뒤 멕시코만에서 정유공장 폭발사고가 재차 터졌다. 헤이워드는 높은 위험을 감수하는 위험한 전략을 펼쳤다. 결국 그는 환경을 망쳤고 주주와 오염 피해지역 거주민들 모두에게 재앙을 불러왔다. 통제의 환상이 만들어 낸 최악의 상황이다.

이처럼 자기 능력에 대해 과도하게 낙관적이며, 모든 것을 통제할 수 있다고 믿는 이가 많다. 그리고 자신은 토니 헤이워드처럼 실패하는 일은 없을 것이라고 생각한다. 혹시 일이 잘못되면 그것은 내 잘못이 아니라고 결론내린다.

○ 정확한 예측이란 없다

우리는 모든 불확실성을 컨트롤할 수 있다는 통제의 환상을 가짐으로써 심리적 안정감과 스트레스를 줄일 수 있다. 문제는 이러한 편향이 엄청난 재산을 줄 수 있다는 것이다. 제2차 세계대전을 일으킨 독일의 아돌프 히틀러는 "중요한 결정은 전부 자신이 직접 내리겠다"라는 통제의 환상에 빠져 러시아 원정과 같은 무모한 작전을 시도해 자신과 조직을 모두 위기에 빠뜨렸다. 통제의 환상에서 벗어나는 방법은 없을까?

먼저 자신이 모든 것을 통제할 수 없다는 것을 명확히 인지해야 한다. 투자와 외부 경영환경은 복잡하고 불확실성이 큰 만큼 운과 우연이 결과에 중요한 영향을 끼친다. 이런 상황에서 미래를 정확하게 예측하고 이에 대비하는 일은 불가능에 가까울 것이다. 《욕망을 파는 사람들The Fortune Sellers》의 저자 윌리엄 서든William Sherden도 다음과 같이 말했다.

"혼돈 이론과 복잡성 이론은 미래가 본질적으로 예측 불가능한 것임을 말해준다. 이는 우리 경제와 주식 시장, 제품 가격, 날씨, 인간을 포함한 동물의 개체 수, 이외의 여러 가지 다른 현상들도 마찬가지다."[55]

토머스 키다Thomas Kida 매사추세츠대 교수도 저서 《생각의 오류 Don't believe everything you think》에서 본질적으로 예측이 불가능하다고 단언한다. 특히 주식시장은 두려움과 탐욕, 소망, 미신과 같은 여러 감정과 동기가 녹아 있는 마음의 수프여서 과학적 분석이 통하지 않는다.

기업 경영자나 의사결정권자가 통제의 환상에 빠지면 조직은 위기에 처할 수 있다. CEO가 지난 몇 번의 성공 경험을 바탕으로 '앞으로 미래는 이렇게 바뀔 것이다'는 예상을 내놓는 경우를 생각해보자.

이럴 때 CEO가 피드백을 받기는 쉽지 않다. 낮은 직급의 구성원에 비해 주위에 피드백을 줄 수 있는 사람이 적고, 부하가 상사에게 서슴없이 피드백을 제공하기도 쉬운 일이 아니기 때문이다. 주위에서 딱히 반대의견을 제시하지 않는다면 CEO는 자기의 생각에 더욱 확신을 갖게 되며, 심한 경우에는 그동안 성공가도를 달려온 제품을 소홀히 하면서까지 새로운 사업에 역량을 집중할 것이다. 시장이 예상대로 움직여준다면 좋겠지만 그럴 가능성은 높지 않다. CEO의 예상은 상황의 흐름을 자신이 만들 수 있다는 의지가 반영된 것이어서 현실에 부딪히면 전혀 다른 결과가 나올 가능성이 크다.

이러한 문제를 해결하기 위해 투자의 귀재 워런 버핏은 기업 인수 시 사사건건 반대 의견을 내놓는 사람을 일부러 고용해서 실패 가능성을 사전에 대비한다. 만약 반대의견을 가진 사람에 의해 거래가 성사되지 않을 경우 그에게 큰 보상을 한다. 투자를 잘못했을 때 오는 손실보다 적기 때문이다. 워런 버핏은 통제의 환상에서 벗어나려면 반대자를 두어 도전받는 기회를 더 많이 가져야 한다고 강조한다. 실제로 기업 인수나 투자 결정 시 반대자를 활용하면 보다 객관적인 관점으로 바라보게 되어 당초보다 더 낮은 가격을 지불한다.

반대자를 두어 운영하는 방식은 고집이 세거나 성공가도를 달리는 경영자에게 반드시 필요한 혁신 방안이다. 2000년 픽사Pixar를 운영하고 있던 스티브 잡스는 〈토이 스토리〉 〈벅스 라이프〉 〈토이 스토리2〉 등 잇달아 인기를 끌면서 흥행불패의 신화를 이어가고 있었다. 그런데 픽사의 경영진인 스티브 잡스와 에드 캣멀, 존 라세터는 성공에 대한 안주를 경계하고 〈아이언 자이언트〉로 보기 좋게 상업적 참패를 맛본 한 브래드 버드Brad Bird를 영입한다. 브래드 버드는 기존 관심과 통념을 깨고 자신의 목소리를 당당히 내는 이단아로 알려진 인물이었다. 그는 〈인크레더블〉 〈인크레더블2〉 〈라따뚜이〉를 내놓으면서 아카데미 최우수 애니메이션 상을 두 차례나 수상하는 쾌거를 거둔다. 브래드 버드가 픽사로 옮기게 된 결정적인 이유는 스티브 잡스가 한 말이었다.

"우리가 두려워하는 게 단 하나 있다. 바로 우리가 모든 것을 다 이뤄낸 것처럼 자기만족과 통제의 환상에 빠지는 것이다. 당신이 우리 회사로 와서 대신 쇄신해달라. 당신이 일하는 방식이 비합리적이라고 판단되면 우리는 당신과 토론할 것이다. 당신이 새로운 방법에 대해 우리를 설득시킨다면 우리는 그 새로운 방법을 택할 것이다."[56]

그런데 경제적 제약으로 인해 브래드 버드 같은 반대자를 둘 수 없다면 어떻게 해야 할까? 통제의 환상에 빠진 사람들은 "나라면…"이라는 말을 자주 쓴다. 이 말의 의미는 내적 동기부여 수단을 넘어 다른 사람이 할 수 없는 일을 나라면 쉽게 할 수 있다는 과도한 자신감과 현실과는 괴리된 의사결정이 무모한 도전으로 전락할 가능성을 내포하고 있다.

○ 인텔의 CEO가 위대한 선택을 내렸던 방법

인텔은 1960년대 말부터 시작해 1970년대에 미국 실리콘밸

리의 총아로서 컴퓨터 메모리칩 시장의 80퍼센트 이상을 석권하고 있던 탁월한 기업이었다. 인텔의 거의 모든 인력과 생산 시설은 메모리칩을 위한 것이었으며 메모리칩이 아닌 다른 아이템으로 사업을 전환한다는 것은 생각할 수 없는 일이었다. 그러나 일본이 인텔에 도전해오기 시작했다. 일본은 미국 기업들보다 싼 가격에 메모리칩을 생산해내기 시작했다. 이때 인텔의 CEO인 앤디 그로브Andy Grove는 깊은 고민에 빠진다. 앤디 그로브는 인텔의 창립자 중 한 사람인 고든 무어Gordon Moore와 다음과 같이 깊이 있는 대화를 한다.

"여보게! 고든 무어, 만약 내가 아닌 다른 CEO가 현재 나의 자리에서 결정을 내린다면 어떤 의사결정을 할까?"

"아마도 메모리칩 시장은 포기하고 새로운 사업으로 전환하겠지…."

고든 무어의 대답을 듣고 앤디 그로브는 생사의 기로에서 과감한 결단을 내린다. 인텔의 비즈니스를 마이크로프로세서 중심으로 돌린 것이다. 고통스런 결정이었지만 이 결정은 인텔이라는 거대한 항공모함을 침몰 직전에 구원한 결정적 전환점이 되었다. 창업 20여 년 만에 비즈니스 모델이 완전히 바뀌는 순간이었다.

당시 IBM PC 사업은 놀랄 만한 성공을 거두고 있었다. PC 시장은 빠르게 성장했으며, 인텔은 IBM을 비롯한 PC업체에 마이크로프로세서를 공급하며 성장의 열매를 거뒀다. 인텔은 PC업계에서 10년 연속 유례없는 성장을 거듭하고, 가장 많은 수익을 올리는 하드웨어 제조 기업의 위치를 공고히 하게 되었다.

앤디 그로브가 결단을 내리기에 결코 쉬운 상황이 아니었다. 무엇보다 그것을 실천에 옮기기는 더욱 어렵다. 하지만 그 상황에서도 위대한 결정과 실천을 할 수 있었던 것은 고든 무어와 대화하는 과정에서 나타난 제3의 인물이었다. '다른 CEO라면 어떤 결정을 내리겠는가?'라는 상상 속의 제3의 인물. 경제적 제약으로 인해 반대자를 둘 수 없는 경우에는 이해관계에서 자유로운 제3의 인물을 만들어보라. 그리고 그들의 생각과 의지를 객관적인 시각에서 판단하고 받아들여라.

일반적으로 펀드 매니저의 투자수익률이 개인 투자자보다 좀 더 높다. 그들이 개인보다 더 많은 전문지식을 갖추고 있기 때문이기도 하겠지만 주된 이유는 개인이 빠지기 쉬운 통제의 환상에서 한걸음 물러나 제3의 시각에 서 있기 때문이다.

세계 최고 채권운용회사 핌코PIMCO의 창립자이자 월가의 원조 채권왕으로 불리는 빌 그로스Bill Gross와 워런 버핏에게는 공통점이 있다. 이들은 투자에 성공한 슈퍼리치이기도 하지만 주식과 돈 등 세계금융의 중심지인 월스트리트에서 아주 멀리 떨어진 뉴포드 비치와 네브래스카 주 오마하에 각각 거주한다.

20년 이상 강남 지역을 중심으로 한 빌딩 매매의 달인이자 부동산 전문가인 B 원장도 강남에 살지 않고 남양주에 산다. 매일

주가를 확인하고, 수익률을 계산하고, 통장의 현금흐름을 확인하는 등 통제의 환상과 집단의 광기에서 벗어나기 위해 투자와 거주를 분리하는 것이다. 정해진 규칙에 따라 일주일에 한 번 정도 주식과 부동산 시세를 확인할 뿐이다.

어차피 모든 것을 통제할 수 없고 매일 쏟아지는 금융정보가 투자수익에 큰 영향을 미치는 것은 아니기 때문에 어느 정도 무심한 편이 더 좋은 결과를 이끌어낼 수 있다고 믿는다.

Point

미래와 투자는 낙관주의로 통제할 수 없다

통제의 환상은 자신의 능력을 과대평가해 외부환경을

자신이 원하는 방식으로 변화시킬 수 있다고 믿는 심리다.

이러한 심리는 자신의 상태를 객관적으로 보지 못하게 하여

잘못된 의사결정을 내리게 한다.

따라서 미래와 투자는 통제할 수 없다는 것을 인지하고,

제3의 객관적 시각에서 판단하고 받아들여야 한다.

주

1장.

1) A. Mani, S. Mullainathan, E. Shafir and J. Zhao, "Poverty Impedes Cognitive Function", *Science, vol. 341, no. 6149*, 2013, p. 976~980, DOI: 10.1126/science.1238041.

2) 권성희, "부자와 빈자는 5가지 차이가 난다", 《머니투데이》, 2011.

3) 임형준, "집값·증시 버블일까?…'빅쇼트'로 보는 금융위기", 《매경프리미엄》, 2021.1.24.

4) Elizabeth G. Pontikes and William P. Barnett, "When to Be a Nonconformist Entrepreneur? Organizational Responses to Vital Events", *IDEAS*, 2014.

5) Walter Mischel and Ebbe B. Ebbesen, "Attention In Delay Of Gratification", *Journal of Personality and Social Psychology, vol. 16, no. 2*, 1970, p.329~337.

6) Arthur B. Laffer, Stephen Moore and Peter J. Tanous, *The End of Prosperity*: *How Higher Taxes Will Doom the Economy If We Let It Happen*, Threshold Editions, 2009.

7) 홍익희, ""富를 흐르게 하라"… 구겐하임家, 미술관 짓고 자선사업", 《조선일보》, 2021.9.14.

8) 마크로밀엠브레인, "SNS 이용 및 인식 관련 조사", 《리서치보고서》, 2018권 6호, 2018, p.1~22.

9) 이수진·김난도, "인스타그램과 현실공간에서의 과시소비행동 비교 연구", 《디지털융합연구》, 제18권 5호, 2020, p.205~220.

10) Jim Taylor, *Doug Harrison and Stephen Kraus, The New Elite: Inside the Minds of the Truly Wealthy*, AMACOM, 2008.

11) Doris Märtin, *Habitus: Sind Sie bereit für den Sprung nach ganz oben?*, Campus, 2019.

12) 末岡よしのり, 《お金持ち列車の乗り方すべての幸せを手に入れる「切符」をあなたへ》, 東邦出版, 2019.

13) Thomas J. *Stanley and Sarah Stanley Fallaw, The Next Millionaire Next Door*:

Enduring Strategies for Building Wealth, Lyons Press, 2018.

14) 이민규, "17:1, 부자들은 하루 17시간 '부자'에 집중한다", 《동아비즈니스리뷰(DBR)》, 2014.2.

15) Adam M. Grant, *Give and Take: Why Helping Others Drives Our Success*, Penguin Books, 2014.

16) 김태영, "메디치 가문 성장시킨 '강건한' 기회주의", 《동아비즈니스리뷰(DBR)》, 2012.3.

2장.

17) 권성희, "자수성가 부자들의 공통된 마음가짐 3가지", 《머니투데이》, 2019.7.13.

18) 김자현, "월마트, 온-오프라인 결합 혁신… 아마존 위세-코로나에도 쑥쑥", 《동아일보》, 2020.11.20.

19) 김민기·조우석, 《행운 사용법》, 문학동네, 2013.

20) Michael J. Mauboussin, *The Success Equation: Untangling Skill and Luck in Business, Sports, and Investing*, Harvard Business Review Press, 2012.

21) Philip E. Tetlock, *Expert Political Judgment: How Good Is It? How Can We Know?*, Princeton University Press, 2017.

22) 히스이 고타로 지음, 서인행 옮김, 《3초만에 행복해지는 명언 테라피》, 나무한그루, 2006.

23) David DeSteno et al, "Gratitude as Moral Sentiment: Emotion-Guided Cooperation in Economic Exchange", *Emotion, vol. 10, no. 2, 2010*, p. 289~293.

24) Vijay Govindarajan and Anup Srivastava, "MBA Programs Need an Update for the Digital Era", Harvard Business Review, 2021.

25) 강영진, "메타버스에서 옷입기, 현실세계보다 훨씬 어렵다", 《뉴시스》, 2022.1.21.

26) "Report of the Task Force on General Education", *Harvard University*, 2007.2.〈https://www.harvard.edu/〉

27) 김국태, "관성에 빠지지 않고 일관성으로 재기에 성공한 기업", LG경영연구원, 2014.9.21.〈https://www.lgbr.co.kr〉

28) 권춘오 "뇌의 90%가 가진 힘, 잠재의식을 이용하라", 《동아비즈니스리뷰(DBR)》,

2009.11.

29) Peter W. Bernstein and Annalyn Swan, *All the Money in the World: How the Forbes 400 Make and Spend Their Fortune*, Knopf Doubleday Publishing Group, 2008.

30) 최영기, "MZ세대의 공정 분배 요구는 공정한가", 《서울경제》, 2021.4.20.

31) 양지훈, "[투데이 窓] MZ세대가 공정에 민감한 이유", 《머니투데이》, 2021.6.29.

32) 서울경제 논설위원실, "확산하는 MZ세대 '공정' 요구⋯ 임금 체계 바꿔라", 《서울경제》, 2021.4.7.

33) 이민규, "지금 여기서 해라! 빨라야 부자가 된다", 《동아비즈니스리뷰(DBR)》, 2013.9.

34) 루이스 쉬프 지음, 임현경 옮김, 《상식 밖의 부자들》, 청림출판, 2019.

3장.

35) Emre Soyer and Robin M. Hogarth, *The Myth of Experience*, PublicAffairs, 2020.

36) Thomas Gilovich, Robert Vallone and Amos Tversky, "The Hot Hand in Basketball: On the Misperception of Random Sequences", *Cognitive Psychology, vol.17, no.3*, 1985. p. 295~314.

37) Jonathan Guryan and Melissa S. Kearney, "Gambling at Lucky Stores: Empirical Evidence from State Lottery Sales", *American Economic Review, vol. 98, no. 1.* 2008. p.458~473.

38) Daniel Crosby, *The Behavioral Investor*, Harriman House, 2018.

39) 정경민, "[노트북을 열며] 증시 단기 전망의 함정", 《중앙일보》, 2008.8.4.

40) Tony Robbins, *Unshakeable: Your Guide to Financial Freedom*, Simon & Schuster UK, 2017.

41) 황대일, "'인류 최고 천재' 뉴턴, 주식투자로 쪽박 찼다", 《연합뉴스》, 2017.3.26.

42) 이상건, 《부자들의 개인 도서관》, 알에이치코리아(RHK), 2017.

43) James C. Collins and Morten T. Hansen, *Great by Choice: Uncertainty, Chaos, and Luck Why Some Thrive Despite Them All*, Harper Business, 2011.

44) 김기찬, "“흡연 장소는 날개 위입니다” 이 애드립으로 흑자된 항공사", 《중앙일보》, 2021.

45) 양병렬, "경제협력개발기구(OECD) 보건통계로 보는 우리나라 보건의료", 보건복지부, 2021.7.20.〈www.mohw.go.kr〉

46) 야마구치 슈 지음, 김윤경 옮김, 《뉴타입의 시대》, 인플루엔셜, 2019.

47) Jan B. Engelmann et al, "Expert Financial Advice Neurobiologically ‘Offloads’ Financial Decision-Making under Risk", *PLoS ONE, vol. 4, no.3*, 2009.

48) Philip Zimbardo, *The Lucifer Effect*, Random House, 2007.

49) Paul Offit, "The Vitamin Myth: Why We Think We need Supplements", *The Atlantic online.* 2013.7.19.

50) Tom Nichols, *The Death of Expertise*, Oxford University Press. 2018.

51) Richard Van Noorden, "Political Science’s Problem with Research Ethics", *Nature*, 2015.

52) Kaveh G. Shojania et al, "Changes in Rates of Autopsy-Detected Diagnostic Errors Over Time: A Systematic Review", *Journal of the American Medical Association(JAMA), vol. 289, no. 21*, 2003, p. 2849~2956.

53) Noreena Hertz, *Eyes Wide Open: How to Make Smart Decisions in a Confusing World*, Harper Business, 2013.

54) 하노 벡 지음, 배명자 옮김, 《부자들의 생각법》, 갤리온, 2012.

55) 전재권, "착각에 빠진 리더, 의사결정을 망친다", LG경영연구원, 2010.01.19.〈https://www.lgbr.co.kr〉

56) 하야그리바 라오·로버트 서튼, "승리의 안도감을 두려워하라", 《동아비즈니스리뷰(DBR)》, 2008.6.

참고 문헌

기시미 이치로·고가 후미타케 지음, 전경아 옮김, 《미움받을 용기》, 인플루엔셜, 2014.

댄 스트러첼 지음, 송이루 옮김, 《부자의 패턴》, 비즈니스북스, 2021.

댄 애리얼리 지음, 김원호 옮김, 《경제 심리학》, 청림출판, 2011.

데이비드 데스테노 지음, 박세연 옮김, 《신뢰의 법칙》, 웅진지식하우스, 2018.

데일 카네기 지음, 이문필 옮김, 《데일 카네기 인간관계론 자기관리론》, 베이직북스, 2020.

라파엘 배지아그 지음, 박선령 옮김, 《억만장자 시크릿》, 토네이도, 2019.

리처드 칼슨 지음, 박산호 옮김, 《스톱 씽킹》, 윌북, 2022.

브라운스톤(우석), 《부의 인문학》, 오픈마인드, 2019.

아라이 나오유키 지음, 장인주 옮김, 《부자의 인맥》, 경향BP, 2016.

알프레드 아들러 지음, 신진철 옮김, 《열등감, 어떻게 할 것인가》, 소울메이트, 2015.

양사록, "단타에 빠진 '주린이' 상승장에도 10명 중 6명 손실", 《서울경제》, 2021.

엘렌 랭어 지음, 변용란 옮김, 《마음의 시계》, 사이언스북스, 2011.

이노우에 히로유키 지음, 박연정 옮김, 《배움을 돈으로 바꾸는 기술》, 예문, 2013.

이진석·김지섭, "10년 주식투자 수익… 외국인 78%, 개인 -74%", 《조선비즈》, 2017.

임석민, 《돈의 철학》, 다산북스, 2020.

크리스토퍼 차브리스·대니얼 사이먼스 지음, 김명철 옮김, 《보이지 않는 고릴라》, 김영사, 2011.

토머스 길로비치 지음, 이양원·장근영 옮김, 《인간 그 속기 쉬운 동물》, 모멘토, 2008.

피터 드러커 지음, 이재규 옮김, 《피터 드러커 자기경영노트》, 한국경제신문, 2019.

CNBC

Motley Fool

부자의 서재에는 반드시 심리학 책이 놓여 있다

초판 1 쇄 발행 2022 년 8 월 31 일
초판 2 쇄 발행 2022 년 10 월 4 일

지은이 정인호
펴낸이 정덕식, 김재현
펴낸곳 (주)센시오

출판등록 2009년 10월 14일 제300-2009-126호
주소 서울특별시 마포구 성암로 189, 1711호
전화 02-734-0981
팩스 02-333-0081
메일 sensio@sensiobook.com

편집 유지서
디자인 Design IF

ISBN 979-11-6657-077-3 (03320)

소중한 원고를 기다립니다. sensio@sensiobook.com